Kati Breuer

Mit Liedern durch den Frühling

Musikalische Aktivitäten und Impulse

Materialien für den Kindergarten

Hase und Igel®

Inhalt

Vorwort 4

Jahreszeitenlied

Jahreszeitenlied .... CD 17 34 6
Frühlingsstrophe: Der Frühling ist jetzt da .... CD 1 18 7

Willkommen, lieber Frühling

Lied: Jedes Jahr zur gleichen Zeit .... CD 2 19 8
Liedeinführung: Jedes Jahr zur gleichen Zeit 9
Instrumentenspiel: Frühling ist jetzt da 9
Lied: Hei, lustig, ihr Kinder .... CD 3 20 10
Liedeinführung: Hei, lustig, ihr Kinder 11
Bewegungsspiel: Herr Winter, ade 11
Instrumentenspiel: Frühlingsgedicht 12
Instrumentenspiel: Wunschkonzert mit Frühlingsliedern 12
Instrumentenspiel: Der Schnee ist weg 13

Frühlingswetter

Lied: Im Mai fällt ein Regen .... CD 4 21 14
Liedeinführung: Im Mai fällt ein Regen 15
Bewegungsspiel: Frühlingswetter 15
Lied: Im Frühling scheint die Sonne wieder .... CD 5 22 16
Liedeinführung: Im Frühling scheint die Sonne wieder 17
Fingerspiel: Die Schnecke geht spazieren heut' 17
Kinderseite: Die Schnecke 18
Vorlesegeschichte/Instrumentenspiel: An einem Morgen im März 19

Der Winterschlaf ist vorbei

Lied: Das Frühlingsfest .... CD 6 23 20
Liedeinführung: Das Frühlingsfest 21
Bewegungsspiel: Winterschlaf 21
Lied: Wir machen einen Winterschlaf .... CD 7 24 22
Liedeinführung: Wir machen einen Winterschlaf 23
Bewegungsspiel: Amsel, Drossel, Fink und Star 23

Blumen

Lied: In unserm Garten, da wachsen Blumen .... CD 8 25 24
Liedeinführung: In unserm Garten, da wachsen Blumen 25
Instrumentenspiel: Rot, blau, weiß und gelb 25
Gestalten: Blumenrassel 26
Bewegungsspiel: Bewegen mit Gänseblümchen 26
Instrumentenspiel: Ich bin das Schneeglöckchen 27
Instrumentenspiel: Frühlingsblumen erwachen 28
Fingerspiel: Veilchen und Schneeglöckchen 29
Gestalten: Blumen zum Muttertag 30
Gestalten: Batik-Blumen 30
Kinderseite: Blumen 31

Frühlingstanz

Lied: Kommt, und lasst uns tanzen .... CD 9 26 32
Liedeinführung: Kommt, und lasst uns tanzen 33
Bewegungsspiel: Frühlings-Stopptanz 33
Klanggedicht: Frühlingsringelreih' 34
Gestaltungsvorlage: Stabfiguren 35
Gestalten: Wir schmücken einen Maibaum 36
Gestalten: Ein Maizweig für dich 36
Klanggedicht: Frühlingstanz im Garten 37

Inhalt

April, April!

Lied: April macht, was er will .... CD 10 27	38
Liedeinführung: April macht, was er will	39
Gestalten: Ein Aprilwetterbild malen	39
Lied: Aprilwetterrap .... CD 11 28	40
Sprachspiel: April, April!	41
Instrumentenspiel: Märchenquatsch	41

Ostern

Lied: Osterlied .... CD 12 29	42
Liedeinführung: Osterlied	43
Instrumentenspiel: Zwölf Eier im Garten	43
Kinderseite: Ostereier verstecken	44
Vorlesegeschichte: Hurra, es ist Ostern!	45

Osterhase

Lied: Lieber Osterhase .... CD 13 30	46
Liedeinführung: Lieber Osterhase	47
Gestalten: Hasenhandpuppe	47
Gestalten: Hasenohren	48
Instrumentenspiel: Der erste Ostertag	48
Bewegungsspiel: Unterm Baum im grünen Gras	49
Bewegungsspiel: Hüpfen wie ein Hase	49
Lied: Osterhasen-ABC .... CD 14 31	50
Liedeinführung: Osterhasen-ABC	51
Gestalten: Bilderkino	51

Schmetterlinge

Lied: Ich bin ein bunter Schmetterling .... CD 15 32	52
Liedeinführung/Kreisspiel: Ich bin ein bunter Schmetterling	53
Klanggedicht: Schmetterlinge segeln durch die Luft	53
Gestalten: Bunte Schmetterlinge	54
Bewegungsspiel: Fliegen wie ein Schmetterling	54
Bewegungsspiel: Schmetterlingsmusik	55
Bewegungsspiel: Wir Schmetterlinge	55
Kinderseite: Schmetterlingsflügel	56
Bewegungsspiel: Von der Raupe zum Schmetterling	57
Fingerspiel: Ein Schmetterling entsteht	57

Auf der Frühlingswiese

Lied: Im Frühling auf der Wiese .... CD 16 33	58
Liedeinführung: Im Frühling auf der Wiese	59
Fingerspiel: Sechs Beine krabbeln kreuz und quer	59
Stimmklangspiel: Es summt und brummt	60
Klanggeschichte: Die Bienen auf der Wiese	60
Bewegungsspiel zu klassischer Musik: Hummelflug	61
Bewegungsspiel: Käferwettrennen	61
Instrumentenspiel: Manchmal fällt im Frühling Regen	62
Rezept: Löwenzahnhonig	62
Kinderseite: Marienkäfer	63

Vorwort

Singen und tanzen, spielen und darstellen, klingeln und rasseln gehören seit jeher zu den Lieblingsbeschäftigungen von Kindergartenkindern. Mit großer Freude singen sie alte und neue Kinderlieder, bewegen sich im Takt zu Musik von einer CD oder spielen rhythmische Klatsch- und Hüpfspiele. Und obwohl für die Kinder natürlich der Spaß an diesen Tätigkeiten im Vordergrund steht (und auch stehen soll!), so werden Sie sicherlich den Förderaspekt Ihrer musikalischen Arbeit ebenso zu schätzen wissen.

Besonders der Bildungsbereich Sprache wird durch das Singen und rhythmische Sprechen gefördert. Aber auch die Konzentrationsfähigkeit – ich warte und passe gut auf, bis ich an der Reihe bin –, die Merkfähigkeit – ich kann den Text eines Liedes auswendig –, die Körperbeherrschung – ich kann bestimmte Bewegungen zur Musik ausführen – und nicht zuletzt die soziale Entwicklung – ich höre auf meine Mitspieler – werden durch das gemeinsame musikalische Tun positiv beeinflusst.

Durch Lieder, Musikspiele und Klanggeschichten können Sie den Kindern zudem ganz nebenbei Sachwissen zu den unterschiedlichsten Themen vermitteln.

Der vorliegende Band enthält viele neue Frühlingslieder sowie dazu passende Spiele, Tänze und Vorschläge zur instrumentalen Begleitung. Alle Lieder und Spiele wurden in der Praxis mit Kindergartenkindern erprobt und weiterentwickelt. Sehen Sie diese Angebote aber bitte nicht als fertige „Rezepte" für Ihre Arbeit an, sondern kürzen, erweitern oder verändern Sie sie nach Herzenslust, sodass sie zu den ganz individuellen Bedürfnissen und Fähigkeiten Ihrer Gruppe passen. Vielleicht erfinden Ihre Kinder zu dem einen oder anderen Spiel eine ganz neue, spannende Variante oder Sie dichten gemeinsam eines der Lieder um oder ergänzen es um weitere Strophen. Auch die Wahl der Instrumente können Sie natürlich den Gegebenheiten in Ihrer Einrichtung anpassen.

Jahreszeiten werden von den Kindern ganz unmittelbar erlebt. Das Jahreszeitenlied (S. 6) wurde, wie viele andere Lieder, eigens für diese Reihe komponiert. Die Frühlingsstrophe finden Sie daneben mit eigenem Notensatz.

In den einzelnen Kapiteln finden Sie Instrumentenspiele, Klanggeschichten, Reime, Gestaltungsideen und vieles mehr unterteilt in frühlingshafte Themen, die auf die Lebenswelt der Kinder Bezug nehmen: die Freude über den Einzug des Frühlings nach einem langen Winter, das Wetter im Frühling, insbesondere im April, Tiere, die aus dem Winterschlaf erwachen, Blumen, die zu wachsen beginnen, Frühlingstänze um den Maibaum, das Osterfest mit dem Osterhasen, der Eier im Garten versteckt, Aprilscherze, Schmetterlinge und das Leben der Tiere auf einer Frühlingswiese.

Bevor Sie die Materialien einsetzen, möchte ich Ihnen noch ein paar allgemeine Tipps mit auf den Weg geben: Singen Sie neue Lieder möglichst auswendig mit Ihrer Gruppe. Wenn Sie während der Liedeinführung immer wieder ins Buch schauen müssen, können Sie keinen so guten Kontakt zu den Kindern herstellen, wie dies beim auswendigen Singen möglich ist. Zum vorbereitenden Üben können Sie die beiliegende CD verwenden. Die Playbackversionen sollten Sie erst dann einsetzen, wenn die Kinder das neue Lied gut beherrschen, denn solange Sie live singen, können Sie das Tempo und die Tonhöhe variieren, schwierige Stellen wiederholen usw., was zur Musik von einer CD nicht möglich ist.

Zur Liedeinführung habe ich Ihnen zu jedem Lied Vorschläge gemacht. Es ist für die Kinder wesentlich spannender, wenn sie sich neue Texte spielerisch und in kleinen Häppchen erarbeiten, als wenn ihnen gesagt wird: „So, heute wollen wir ein neues Lied lernen." Daher ist der Ausgangspunkt für die Liederarbeitung meist der Inhalt. An einigen Stellen finden Sie darüber hinaus Tipps für die Erarbeitung von rhythmisch schwierigeren Stellen, die Sie gesondert üben können.

Musikinstrumente sollten die Kinder von Anfang an richtig, das heißt pfleglich, behandeln. Zu gerne nutzen sie Klingende Stäbe als Fußbank, setzen sich auf eine Trommel oder stecken den Triangelstab in den Mund. Aber Instrumente sind wertvoll und klingen nur dann dauerhaft gut, wenn sie umsichtig behandelt werden. Spielen die Kinder zum ersten Mal damit, so sollten Sie ihnen die richtige Handhabung erklären und sie eine Weile experimentieren lassen. Schon nach kurzer Zeit kennen viele Kinder sich sehr gut damit aus: Metallinstrumente müssen frei schwingen können, also halte ich die Triangel nur am Band fest. Auf der Röhrentrommel kann ich zwei verschiedene Töne erzeugen. Wenn ich den Regenmacher umdrehe, macht er sein charakteristisches Geräusch.

Die hier vorgestellten Klanggeschichten enthalten alle bereits Vorschläge für den Einsatz von Musik-

Vorwort

instrumenten. Selbstverständlich brauchen Sie keinen Satz neuer Instrumente zu kaufen, wenn Sie die genannten Instrumente nicht zur Hand haben. Verwenden Sie einfach die Instrumente und Alltagsgegenstände, die Ihnen zur Verfügung stehen. Notfalls kann man sogar auf Pappkartons oder mit Küchengeräten ganze Klanggeschichten spielen. Oder probieren Sie einmal Varianten aus, bei denen die Kinder die entsprechenden Geräusche mit der Stimme machen. Wenn Ihre Gruppe sehr groß ist, können Sie die Instrumente auch doppelt besetzen.

Einige Kapitel enthalten eine Kinderseite, die der Vertiefung des jeweiligen Themas dient. Mit einer Kopie des entsprechenden Liedes und ergänzt um eine Beschreibung des Erfahrungszuwachses des jeweiligen Kindes, kann diese Seite ggf. im Portfolio abgelegt werden. Auch als Erinnerungsstütze können diese Seiten sinnvoll sein: Da die Kinder noch nicht lesen können, erinnern sie sich vielleicht beim Anblick der selbst gemalten Blumen an das Lied „In unserm Garten, da wachsen Blumen", was nur mit dem reinen Notenblatt nicht möglich wäre.

Die beiliegende CD enthält alle Lieder des Buches inklusive der Playbackversionen. Beim Einspielen und -singen der vielen Lieder haben mich Bennet, Lars, Luisa und Tessa tatkräftig unterstützt. Vielen Dank dafür!

Nun wünsche ich Ihnen viel Freude an der Umsetzung meiner Ideen und einen fröhlich singenden, klingenden Frühling in Ihrem Kindergarten.

Kati Breuer

Lösungen

Seite 31

Seite 44

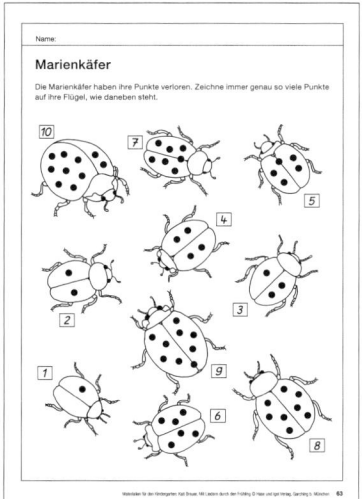

Seite 63

Jahreszeitenlied

Jahreszeitenlied

Melodie und Text: Kati Breuer

1. Wenn die ersten Blumen blüh'n,
   wenn die Schneeglöckchen im Garten steh'n,
   wenn der letzte Schnee vergeht
   und der Wind nur sachte weht,
   wenn wir Eier bunt bemalen
   unter ersten Sonnenstrahlen,
   ja, dann ist es jedem klar:
   Der Frühling ist jetzt da,
   der Frühling ist jetzt da!

2. Wenn der Grill im Garten steht
   und man täglich schwimmen geht,
   wenn die Sonne Hitze sendet
   und beim Fahrradfahren blendet,
   wenn wir ohne Socken laufen,
   jeden Tag ein Eis uns kaufen,
   ja, dann ist es jedem klar:
   Der Sommer ist jetzt da,
   der Sommer ist jetzt da!

3. Wenn es kalt und kälter wird
   und man ohne Jacke friert,
   wenn der Wind gewaltig braust,
   pfeifend um die Ecke saust,
   wenn die Blätter leise fallen,
   Kastanien aufs Pflaster knallen,
   ja, dann ist es jedem klar:
   Der Herbst, der ist jetzt da,
   der Herbst, der ist jetzt da!

4. Wenn es draußen eisig wird
   und die Luft vor Kälte klirrt,
   wenn wir Schal und Mütze brauchen,
   in die kalten Hände hauchen,
   wenn es stürmt und endlich schneit
   und es kommt die Weihnachtszeit,
   ja, dann ist es jedem klar:
   Der Winter ist jetzt da,
   der Winter ist jetzt da!

5. Mit dem Frühling fängt es an
   und dann ist der Sommer dran.
   Danach kommt der Herbst mit Wind
   und die Winterzeit beginnt.
   Durch das ganze Jahr begleiten
   uns verschied'ne Jahreszeiten.
   Und dann ist es jedem klar:
   So geht es durch das Jahr,
   so geht es jedes Jahr.

Jahreszeitenlied

Der Frühling ist jetzt da

Melodie und Text: Kati Breuer

1. Wenn die ers-ten Blu-men blüh'n, wenn die Schnee-glöck-chen im Gar-ten steh'n,

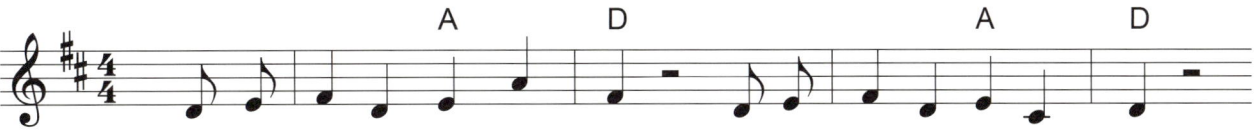
wenn der letz-te Schnee ver-geht und der Wind nur sach-te weht,

wenn wir Ei-er bunt be-ma-len un-ter ers-ten Son-nen-strah-len,

ja, dann ist es je-dem klar: Der Früh-ling ist jetzt da, der Früh-ling ist jetzt da!

Willkommen, lieber Frühling

Jedes Jahr zur gleichen Zeit

Melodie und Text: Kati Breuer

1. War-mes Licht der Son-nen-strah-len muss kein Mensch je-mals be-zah-len.
Je-des Jahr zur glei-chen Zeit macht der Früh-ling sich be-reit.

Refrain:
Der Früh-ling ist, der Früh-ling ist, der Früh-ling ist jetzt da,
der Früh-ling ist, der Früh-ling ist, der Früh-ling ist jetzt da.

2. Lässt die Osterglocken glühen
und die Tulpen herrlich blühen.
Schmückt im Garten jeden Baum,
grün wird es, man glaubt es kaum.

3. Macht die Welt ein bisschen bunter
und die meisten Menschen munter.
Alle Tiere wachen auf
und das Jahr nimmt seinen Lauf.

Willkommen, lieber Frühling

Jedes Jahr zur gleichen Zeit

Führen Sie mit den Kindern ein Gespräch über den Frühling. Meistens wissen sie schon eine Menge darüber: Die Bäume werden im Frühling wieder grün, es blühen die ersten Blumen, die Zugvögel kommen aus dem Süden zurück usw. Bauen Sie den Text der einzelnen Strophen nach und nach in das Gespräch ein, indem Sie ihn langsam sprechen und später auch singen. Wenn Sie möchten, verwenden Sie für die zweite Strophe echte Osterglocken und Tulpen als Anschauungsobjekte. Es bietet sich an, die Kinder nach dem mehrmaligen Singen des Liedes dazu anzuregen, ein Frühlingsbild zu malen.

Art der Aktivität:
Liedeinführung

Kinder:
ganze Gruppe

Schwierigkeitsgrad:
★☆☆☆☆

Dauer:
10 Min.

Material:
evtl. Tulpe und Osterglocke oder Abbildungen davon, Papier und Buntstifte

Frühling ist jetzt da

Sprechen Sie langsam das Gedicht. Die letzte Zeile jeder Strophe lautet gleich („Frühling ist jetzt da!") und kann von den Kindern auf ihren Instrumenten begleitet werden. Nach einigen Durchgängen können die Kinder bestimmt schon mitsprechen.

Art der Aktivität:
Instrumentenspiel

Kinder:
10

Schwierigkeitsgrad:
★★☆☆☆

Dauer:
5 Min.

Material pro Kind:
ein Paar Fingercymbeln oder eine Triangel

Wenn die ersten Sonnenstrahlen
hell zu mir ins Zimmer fallen,
weiß ich, es ist wahr:
Frühling ist jetzt da!

Kommt mit Blumen, grünem Gras
und auch mit dem Osterhas'.
Es ist wirklich wahr:
Frühling ist jetzt da!

Was wir Kinder heut' gesät,
wächst bald auf dem Blumenbeet.
Es ist wirklich wahr:
Frühling ist jetzt da!

Willkommen, lieber Frühling

Hei, lustig, ihr Kinder

Melodie und Text: überliefert

1. Hei, lustig, ihr Kinder, vorbei ist der Winter!
   Die Sonne erwacht. Das Blümelein lacht.

2. Die Vögelein singen.
   Die Knospen aufspringen.
   Der Himmel ist blau
   und grün ist die Au.

3. Hei, lustig, ihr Kinder,
   vorbei ist der Winter!
   Und fort ist der Schnee.
   Herr Winter, ade!

Willkommen, lieber Frühling

Hei, lustig, ihr Kinder

Dieses fröhliche Frühlingslied wird am besten von Anfang an mit den passenden Bewegungen begleitet. Die Kinder können sich auf diese Weise den Text sehr gut merken und recht schnell mitsingen. Hier finden Sie Vorschläge für Bewegungen.

1. Hei, lustig, ihr Kinder, vorbei ist der Winter!	*den Oberkörper schunkelnd hin und her wiegen*
Die Sonne erwacht.	*mit beiden Armen einen großen Kreis in die Luft malen*
Das Blümelein lacht.	*mit den Händen einen Blütenkelch bilden*
2. Die Vögelein singen.	*mit Daumen und Zeigefinger einen Vogelschnabel andeuten*
Die Knospen aufspringen.	*nacheinander jede Hand erst zur Faust ballen und dann ruckartig öffnen*
Der Himmel ist blau	*weite Zeigegeste nach oben*
und grün ist die Au.	*weite Zeigegeste nach vorne*
3. Hei, lustig, ihr Kinder, vorbei ist der Winter!	*den Oberkörper schunkelnd hin und her wiegen*
Und fort ist der Schnee.	*pantomimisch Schnee wegschieben*
Herr Winter, ade!	*winken*

Art der Aktivität: Liedeinführung
Kinder: ganze Gruppe
Schwierigkeitsgrad: ★ ☆ ☆ ☆ ☆
Dauer: 10 Min.
Material: –

Herr Winter, ade!

Verteilen Sie viele Wattebällchen auf dem Fußboden. Greifen Sie die letzte Strophe des Liedes heraus und sprechen oder singen Sie den Text. Die Kinder laufen währenddessen zwischen dem „Schnee" herum. Am Schluss, nach „Herr Winter, ade!", schlagen Sie einmal die Triangel an. Solange ihr Ton erklingt, sammeln die Kinder die Wattebällchen auf. Schaffen sie es, den gesamten „Schnee" aufzuheben, bevor das Instrument verklungen ist?

> Hei, lustig, ihr Kinder,
> vorbei ist der Winter!
> Und fort ist der Schnee.
> Herr Winter, ade!

Varianten:
Experimentieren Sie auch einmal mit der Menge der Wattebällchen: Wie viele kann jedes einzelne Kind gerade noch aufheben, bevor der Triangelton verklingt? Auch Versuche mit anderen Instrumenten lohnen sich: Können wir den Schnee auch zum Ton einer Cymbel oder eines Klingenden Stabes beseitigen? Ganz schwirig ist es, ein Holzinstrument zu verwenden, das natürlich nur einen sehr kurzen Ton erzeugt. Das gibt meist viel Gelächter.

Art der Aktivität: Bewegungsspiel
Kinder: ganze Gruppe
Schwierigkeitsgrad: ★ ☆ ☆ ☆ ☆
Dauer: 10 Min.
Material: Triangel, Wattebällchen, viel Platz, z. B. in der Turnhalle

Willkommen, lieber Frühling

Art der Aktivität:
Instrumentenspiel

Kinder:
10–12

Schwierigkeitsgrad:
★★★☆☆☆

Dauer:
10 Min.

Material:
zwei Sorten Instrumente, die sich deutlich voneinander unterscheiden, z. B. Fingercymbeln und Klanghölzer

Frühlingsgedicht

Teilen Sie die Kinder in zwei Gruppen ein. Eine Gruppe erhält die Fingercymbeln, die andere die Klanghölzer. Sprechen Sie das Gedicht und lassen Sie die Kinder mit den Fingercymbeln jeweils die beiden ersten Zeilen jeder Strophe begleiten. Die Klanghölzer spielen jeweils zur letzten Zeile der Strophe. Danach wird gewechselt.

Wenn der Schneemann leise weint,
weil die Sonne auf ihn scheint,
ist der Frühling da.

Wenn die ersten Gräser sprießen,
manche Menschen kräftig niesen,
ist der Frühling da.

Wenn die Kinder Nester bauen,
nach dem Osterhasen schauen,
ist der Frühling da.

Tipp:
Wenn Ihnen nicht ausreichend Instrumente von einer Sorte zur Verfügung stehen, genügt auch die Einteilung in laute und leise Instrumente oder in Metall- und Holzinstrumente.

Art der Aktivität:
Instrumentenspiel

Kinder:
10

Schwierigkeitsgrad:
★★☆☆☆

Dauer:
15 Min.

Material pro Kind:
ein Musikinstrument

Wunschkonzert mit Frühlingsliedern

Gerade zum Thema Frühling gibt es eine Fülle von bekannten Kinder- und Volksliedern (z. B. „Im Märzen der Bauer", „Komm lieber Mai", „Es tönen die Lieder"), von denen sicher auch Ihre Gruppe schon einige kennt. Machen Sie daraus doch einmal ein Frühlingslieder-Wunschkonzert! Dazu erhält jedes Kind ein Musikinstrument. Reihum singen Sie zur Melodie von „Dornröschen war ein schönes Kind" den Text „Der Lennart *(Name des Kindes)* wünscht ein Frühlingslied, Frühlingslied, Frühlingslied …". Das angesprochene Kind sucht ein Frühlingslied aus, ob neu oder altbekannt, spielt dabei keine Rolle. Singen Sie das Lied gemeinsam und begleiten Sie es auf den Musikinstrumenten. Bevor das nächste Kind ein Lied wünschen darf, werden die Instrumente getauscht.

Willkommen, lieber Frühling

Der Schnee ist weg

Sprechen Sie den Kindern den Text einmal sehr rhythmisch und betont vor. Probieren Sie dann aus, ob es Ihren Kindern schon gelingt, einen regelmäßigen Grundschlag zum Text zu spielen. Die Trommelschläge erfolgen an den Textstellen, über denen ein „/" steht. Diese sehr anspruchsvolle Übung gelingt meist nur den älteren Kindern und sollte zunächst sehr langsam gespielt werden. Sie erfordert viel Konzentration.

/
Der Schnee ist weg

/
und auch der Dreck.

/   /
Die Bäume zeigen Grün.

/
Der Spatz macht Krach

/
hoch auf dem Dach.

/   /
Die ersten Veilchen blüh'n.

/
Jetzt ist er weg,

/
der Winterschreck.

/   /
Der Frühling ist jetzt da.

/
Den Roller raus

/
aus unsrem Haus.

/   /
Bald wird es warm, hurra!

Tipp:
Zerlegen Sie den Text anfangs in kleinere Einheiten, die Sie immer wieder von vorne sprechen und spielen: „Der Schnee ist weg und auch der Dreck, der Schnee ist weg und auch der Dreck, der Schnee ist weg und auch der Dreck …"

Art der Aktivität:
Instrumentenspiel

Kinder:
5–6

Schwierigkeitsgrad:
★★★★☆

Dauer:
10 Min.

Material pro Kind:
Trommel mit Schlägel

Frühlingswetter

Im Mai fällt ein Regen

*Melodie und Text: überliefert,
Textbearbeitung für Strophe 2 und 3: Kati Breuer*

1. Im Mai fällt ein Regen und der Regen macht nass: meine Haare, deine Kleider und die Bäume und das Gras.

2. Im Mai fällt ein Regen
   und der Regen macht nass:
   unsren Garten, unsre Straße
   und die Bäume und das Gras,
   unsren Garten, unsre Straße
   und die Bäume und das Gras.

3. Im Mai fällt ein Regen
   und der Regen macht nass:
   meine Mama, meinen Papa
   und die Bäume und das Gras,
   meine Mama, meinen Papa
   und die Bäume und das Gras.

Frühlingswetter

Im Mai fällt ein Regen

Singen Sie den Kindern das Lied vor, wenn es draußen gerade regnet. Das Wort „Mai" können Sie natürlich auch durch „März" oder „April" ersetzen. Wegen der eingängigen Wiederholung und des einfachen Textes brauchen die Kinder meist nicht allzu viel Übung, bis sie das Lied mitsingen können. Gerne überlegen sie sich auch noch andere Dinge, die nass werden, als die bereits im Text genannten. Wenn das Lied mit Instrumenten begleitet werden soll, eignet sich dafür besonders die Wiederholung am Ende der Strophen: Während beim ersten Durchgang nur gesungen wird, setzen die Instrumente bei der Wiederholung ein.

Tipp:
Wenn Sie einen Regenmacher zur Verfügung haben, lassen Sie ein Kind damit jeweils die erste Textzeile der Strophe mitspielen. Das ergibt einen interessanten Effekt.

Art der Aktivität:
Liedeinführung

Kinder:
ganze Gruppe

Schwierigkeitsgrad:
★ ☆ ☆ ☆ ☆

Dauer:
10 Min.

Material pro Kind:
evtl. ein Musikinstrument

Frühlingswetter

Sprechen Sie den Text mit den Kindern und machen Sie die angegebenen Bewegungen dazu. Alternativ sind selbstverständlich auch eigene Bewegungen möglich. Am Schluss können Sie ein beliebiges (Frühlings-)Lied singen, zu dem die Kinder tanzen.

Den Frühlingswind mag jedes Kind, er saust mild in den Haaren.	*sanfte Wellenbewegungen mit der Hand Haare zerzausen*
Die Frühlingsluft mit ihrem Duft lässt alle Menschen strahlen.	*sanfte Wellenbewegungen mit der Hand übertriebene Riechgeste breites Lächeln*
Den Frühlingstag ein jeder mag. Und alle möchten tanzen.	*sanfte Wellenbewegung mit der Hand allein oder zu zweit tanzen*

Tipp:
Es können auch Instrumente zur Begleitung eingesetzt werden.

Art der Aktivität:
Bewegungsspiel

Kinder:
ganze Gruppe

Schwierigkeitsgrad:
★ ☆ ☆ ☆ ☆

Dauer:
5 Min.

Material:
–

Frühlingswetter

Im Frühling scheint die Sonne wieder

Melodie und Text: Kati Breuer

2. Im Frühling gibt es warme Luft, tralalalalala.
   Sie ist erfüllt mit Blumenduft, tralalalalala.

3. Im Frühling wird es draußen grün, tralalalalala.
   Die Blumen fangen an zu blüh'n, tralalalalala.

Frühlingswetter

Im Frühling scheint die Sonne wieder

Erklären Sie den Kindern zunächst die Begriffe „Vorspiel", „Zwischenspiel" und „Nachspiel". Bei diesem Frühlingslied wird am Anfang, nach jeder Strophe und am Ende gesprochener Text eingefügt, den die Kinder mit Musikinstrumenten begleiten können. Üben Sie zunächst das rhythmische Sprechen dieses Textes ein. Wichtig ist dabei die Pause: „Frühlingszeit, Frühlingszeit, jetzt ist es so weit – *(Pause)* – Frühlingszeit, Frühlingszeit, jetzt ist es so weit." Die Kinder können die Pause leichter einhalten, wenn sie dabei mit ihrem Instrument einen Schlag „stumm" spielen bzw. den Schlägel einmal in die Luft schlagen. Wenn sie das Vor- bzw. Zwischenspiel beherrschen, beginnt der Gesang. Beschränken Sie sich anfangs ruhig auf eine Strophe mit Vor- und Nachspiel und erweitern Sie das Lied dann Stück für Stück. Die Instrumente werden nur während des Sprechens eingesetzt, nicht beim Singen.

Tipp:
Probieren Sie doch auch einmal aus, das Sprechen mit Körperinstrumenten zu begleiten. Die Kinder stehen oder sitzen dafür im Kreis und klatschen, patschen, stampfen usw. das Zwischenspiel. Vielleicht wird es sogar bei jedem Durchgang mit einem anderen Körpergeräusch begleitet?

Art der Aktivität: Liedeinführung
Kinder: ganze Gruppe
Schwierigkeitsgrad: ★★★☆☆☆
Dauer: 10 Min.
Material pro Kind: ein Musikinstrument

Die Schnecke geht spazieren heut'

> Die Schnecke geht spazieren heut',
> das Frühlingswetter macht ihr Freud'.
> Sie hat die Fühler ausgestreckt –
> doch ach, jetzt hat sie mich entdeckt.
> Sie zieht schnell ihre Fühler ein
> und kriecht ins Schneckenhaus hinein.

Die Kinder bilden mit Zeige- und Mittelfinger die Fühler der Schnecke und spielen, wie sie langsam über die Wiese kriecht. Am Schluss werden die „Fühler" schnell in der Faust versteckt.

Art der Aktivität: Fingerspiel
Kinder: ganze Gruppe
Schwierigkeitsgrad: ★☆☆☆☆
Dauer: 5 Min.
Material: –

Name:

Die Schnecke

Fahre mit vielen bunten Farben die gepunktete Linie auf dem Schneckenhaus nach.

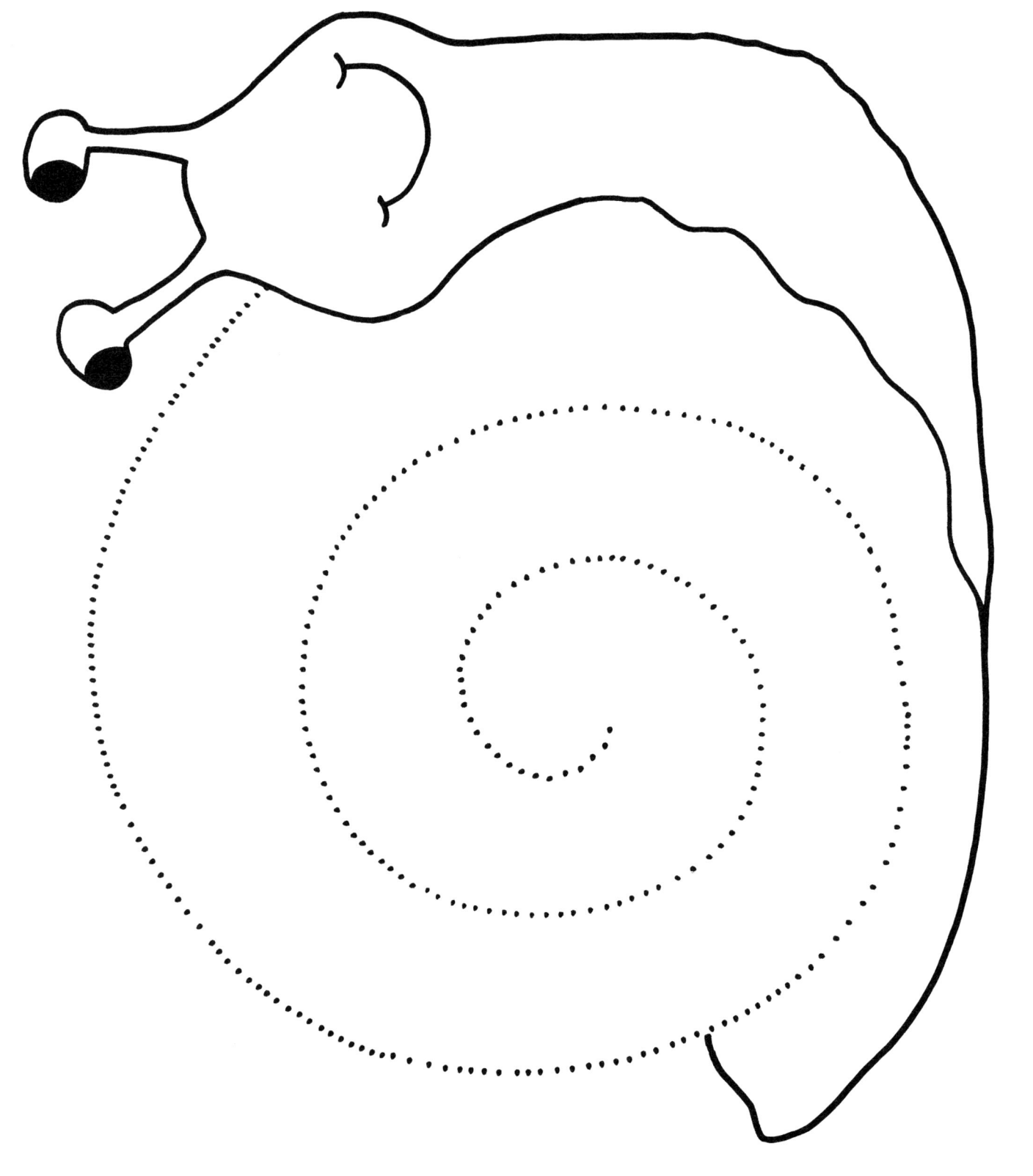

Frühlingswetter

An einem Morgen im März

An einem Morgen im März wacht Johanna schon ganz früh auf. Im Haus ist es noch still, Mama und Papa schlafen sicher noch.
Leise klettert Johanna aus dem Bett und öffnet die Vorhänge. Draußen ist es ein bisschen neblig. Johanna kann einen Vogel zwitschern hören, und dann noch einen. Immer lauter wird das Vogelkonzert. Jetzt geht auch die Sonne langsam auf. Ihre Strahlen vertreiben den Nebel.
Heute spiele ich im Garten!, denkt Johanna und zieht sich schnell an. Ob es draußen warm genug für ein T-Shirt ist? Vorsichtshalber zieht Johanna eine Strickjacke über.
Sie geht leise die Treppe hinunter und öffnet die Haustür. Hu, es ist doch noch ein bisschen kühl draußen. Johanna entscheidet sich, mit dem Spielen noch zu warten, bis die Sonne kräftiger scheint.
Sie geht wieder ins Haus und die Treppe hinauf.
Leise, ganz leise schleicht sie sich ins Schlafzimmer und schlüpft zu Mama ins Bett. Dort ist es schön warm. Johanna macht die Augen zu.
Da merkt sie, dass sie leichter und immer leichter wird. Johanna kann auf einmal fliegen wie ein Vogel! Jubelnd steigt sie zuerst zur Zimmerdecke hinauf und fliegt dann zum Fenster hinaus. Unterwegs begegnet sie vielen Vögeln. Gemeinsam singen sie ein Frühlingslied, zuerst leise, dann immer lauter.
Johanna fliegt jetzt über den Garten, den Weg entlang und dann sogar über den Kindergarten. Der sieht ja lustig aus, so von oben betrachtet. Die Geräte auf dem Spielplatz sehen aus wie Puppenmöbel. Johanna muss lachen, aber da sie ja jetzt ein Vogel ist, klingt das wie ein Zwitschern. Johanna zwitschert und zwitschert, und dann – liegt sie plötzlich wieder in Mamas Bett. Sie kann weder fliegen noch zwitschern. Ach so, sie hat bloß geträumt! Sie muss neben Mama eingeschlafen sein.
Das war aber ein schöner Traum, denkt Johanna und kuschelt sich an Mama.

Sprechen Sie über Johannas Traum vom Fliegen und darüber, was die Kinder selbst schon einmal geträumt haben. Regen Sie sie dazu an, ein Bild zu der Geschichte oder auch von einem eigenen Traum zu malen.
Entwickeln Sie nun gemeinsam eine Traummusik mit vielen verschiedenen Instrumenten. Wie muss sie klingen, damit sie zum Träumen anregt: eher laut und rhythmisch oder leise und sanft?

Art der Aktivität:
Vorlesegeschichte/Instrumentenspiel

Kinder:
8–10

Schwierigkeitsgrad:
★★☆☆☆

Dauer:
15 Min.

Material:
Papier und Buntstifte, möglichst viele verschiedene Musikinstrumente

Der Winterschlaf ist vorbei

Das Frühlingsfest

Melodie und Text: Kati Breuer

Im Frühling, im Frühling wird's draußen wieder schön.
Da wollen die Tiere zum Frühlingsfest geh'n.
1. Der Igel, der reckt sich und gähnt laut dabei:
Der Winter, der Winter, der ist jetzt vorbei.

2. Der Braunbär, der reckt sich
und gähnt laut dabei.
Der Winter, der Winter,
der ist jetzt vorbei.

3. Das Murmeltier reckt sich
und gähnt laut dabei.
Der Winter, der Winter,
der ist jetzt vorbei.

4. Die Haselmaus reckt sich
und gähnt laut dabei.
Der Winter, der Winter,
der ist jetzt vorbei.

Der Winterschlaf ist vorbei

Das Frühlingsfest

Fast alle Kinder bauen gerne Höhlen. Regen Sie die Kinder dazu an, für das Lied, das vom Ende des Winterschlafs erzählt, eine große gemeinsame oder auch mehrere kleine Höhlen zu bauen. Stellen Sie ihnen dafür Tücher, Decken, Wäscheklammern, Schnur usw. zur Verfügung. Erzählen Sie den Mädchen und Jungen nun eine Geschichte von Tieren, die sich zum Winterschlaf in ihre kuschelige Behausung zurückgezogen haben. Wenn der Frühling kommt, wachen die Tiere auf, verlassen ihre Höhle wieder, recken und strecken sich und gähnen laut. Das können die Kinder sicher nachspielen. Singen Sie dann das Lied und fordern Sie die Kinder auf, den Text darzustellen. Anfangs spielen vielleicht noch alle gemeinsam den Igel, den Braunbären, das Murmeltier und die Haselmaus, später werden die Rollen verteilt.

Variante:
Als Kreisspiel wird der Liedtext ganz ohne Requisiten umgesetzt. Das jeweilige Tier „schläft" dann einfach in der Kreismitte.

Tipp:
Erfinden Sie gemeinsam neue Strophen über weitere Tiere, damit mehr Rollen zu besetzen sind. Es gibt eine ganze Reihe von Tieren, die im Winter schlafen oder ruhen bzw. in Winterstarre verfallen, z. B. Eidechse, Fledermaus, Eichhörnchen, Dachs, Hamster, Frosch.

Art der Aktivität: Liedeinführung
Kinder: ganze Gruppe
Schwierigkeitsgrad: ★☆☆☆☆
Dauer: 10 Min.
Material: Decken und Tücher, Wäscheklammern, Schnur usw. zum Bau einer Höhle

Winterschlaf

Sprechen Sie den Text gemeinsam mit den Kindern, während alle auf der Stelle oder durch den Raum gehen: Zur ersten Strophe, wenn alle Tiere schlafen, gehen Sie auf Zehenspitzen und sprechen leise. Zur zweiten Strophe, wenn die Tiere erwacht sind, machen Sie Hopserschritte (Nachstellschritte) und sprechen deutlich lauter. Beim Wort „Wecker" klatschen alle gemeinsam einmal in die Hände.

> Im Winter ist es klirrend kalt
> und du gehst durch den Winterwald –
> sehr viele Tiere schlafen.
>
> Im Frühling ist es nicht mehr kalt
> und du gehst durch den Frühlingswald –
> jetzt sind die Tiere wach.
> Sie brauchen keinen Wecker.

Art der Aktivität: Bewegungsspiel
Kinder: ganze Gruppe
Schwierigkeitsgrad: ★☆☆☆☆
Dauer: 5 Min.
Material: –

Der Winterschlaf ist vorbei

Wir machen einen Winterschlaf

Melodie und Text: Kati Breuer

2. Wir hüpfen, wir hüpfen, wir hüpfen immerzu,
   wir hüpfen, wir hüpfen, vorbei ist's mit der Ruh'.

3. Wir stampfen, wir stampfen, wir stampfen immerzu,
   wir stampfen, wir stampfen, vorbei ist's mit der Ruh'.

4. Wir trommeln, wir trommeln, wir trommeln immerzu,
   wir trommeln, wir trommeln, vorbei ist's mit der Ruh'.

Der Winterschlaf ist vorbei

Wir machen einen Winterschlaf

Alle Kinder „schlafen" in der Mitte des Stuhlkreises, während Sie den Beginn des Liedes singen. Bei den Strophen wachen sie auf, führen die angegebene Bewegung aus und legen sich anschließend wieder hin. Wenn die Mädchen und Jungen das Lied nach einer Weile gut kennen, suchen sie auch gerne eigene Bewegungen dafür aus. Dabei entstehen neue Strophen.

Art der Aktivität: Liedeinführung
Kinder: ganze Gruppe
Schwierigkeitsgrad: ★☆☆☆☆
Dauer: 10 Min.
Material: –

Amsel, Drossel, Fink und Star

Sprechen Sie den Text gemeinsam und machen Sie die angegebenen Bewegungen dazu.

Text	Bewegung
Amsel, Drossel, Fink und Star	*an den Fingern abzählen*
sind im Frühling wieder da.	*mit Daumen und Zeigefinger einen Vogelschnabel andeuten*
Im Winter war's bei uns zu kalt.	*Arme fröstelnd um den Körper legen*
Sie flogen über Feld und Wald	*mit den Armen „fliegen"*
bis in das ferne Afrika.	*in die Ferne zeigen*
Dort scheint die Sonne wunderbar.	*große Sonne in die Luft malen*
Sie sind zurück und singen wieder	*mit den Armen „fliegen"*
die allerschönsten Frühlingslieder.	*mit Daumen und Zeigefinger einen Vogelschnabel andeuten*

Tipp:
An das Bewegungsspiel können Sie mit den Kindern ein beliebiges, den Kindern bekanntes Frühlingslied anschließen, z.B. „Alle Vögel sind schon da".

Art der Aktivität: Bewegungsspiel
Kinder: ganze Gruppe
Schwierigkeitsgrad: ★☆☆☆☆
Dauer: 5 Min.
Material: –

Blumen

In unserm Garten, da wachsen Blumen

Melodie und Text: Kati Breuer

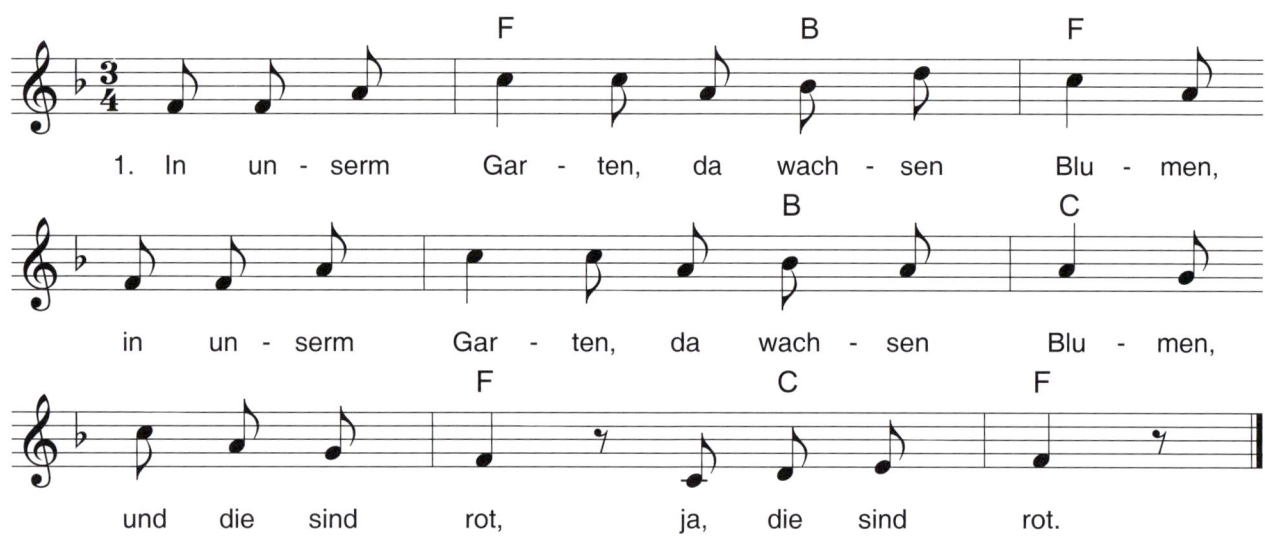

1. In unserm Garten, da wachsen Blumen, in unserm Garten, da wachsen Blumen, und die sind rot, ja, die sind rot.

2. In unserm Garten, da wachsen Blumen.
   In unserm Garten, da wachsen Blumen
   und die sind blau, ja, die sind blau.

3. In unserm Garten, da wachsen Blumen.
   In unserm Garten, da wachsen Blumen
   und die sind weiß, ja, die sind weiß.

4. In unserm Garten, da wachsen Blumen.
   In unserm Garten, da wachsen Blumen
   und die sind gelb, ja, die sind gelb.

5. In unserm Garten, da wachsen Blumen.
   In unserm Garten, da wachsen Blumen
   und die sind bunt, ja, die sind bunt.

Blumen

In unserm Garten, da wachsen Blumen

Singen Sie den Kindern das Lied vor und zeigen Sie ihnen dabei jeweils die Blume in der entsprechenden Farbe. Bestimmt kann die Gruppe die einfache Melodie schon bald mitsingen. Für die letzte Strophe (bunt) werden alle Blüten gleichzeitig gezeigt.

Tipp:
Sie können die Kinder auch dazu anregen, die genannten Farben an ihrer Kleidung zu suchen. Wer dann z. B. etwas Rotes anhat, steht in der ersten Strophe auf und dreht sich einmal um sich selbst.

Art der Aktivität: Liedeinführung
Kinder: ganze Gruppe
Schwierigkeitsgrad: ★☆☆☆☆
Dauer: 10 Min.
Material: je eine rote, blaue, weiße und gelbe Blume (echt oder aus Papier)

Rot, blau, weiß und gelb

Verteilen Sie gemeinsam die Instrumente auf die am Boden liegenden Tücher. Die Einteilung können Sie willkürlich vornehmen oder aber mit den Kindern geeignete Kriterien besprechen: z. B. alle runden Instrumente auf das rote Tuch, alle Holzinstrumente auf das blaue usw. Je mehr Instrumente Sie zur Verfügung haben, desto vielfältiger sind die möglichen Einteilungskriterien.
Singen Sie dann das Blumenlied. Für jede Strophe holen sich die Kinder ein Instrument von dem Tuch in derjenigen Farbe, die in der Strophe genannt wird. Für die letzte Strophe mit den bunten Blumen nehmen sie sich ein Instrument von einem beliebigen Tuch.

Variante:
Auch Alltagsmaterialien, mit denen sich Geräusche erzeugen lassen, sind für dieses Spiel gut geeignet und können als Instrumente eingesetzt werden, z. B. Kochlöffel, Fahrradklingel, Schlüsselbund. Anstelle der farbigen Tücher können Sie Tonpapier in den entsprechenden Farben verwenden.

Art der Aktivität: Instrumentenspiel
Kinder: 10–12
Schwierigkeitsgrad: ★★☆☆☆
Dauer: 10 Min.
Material: je ein rotes, blaues, weißes und gelbes Tuch, möglichst viele Musikinstrumente

Blumen

Art der Aktivität:
Gestalten

Kinder:
3–4

Schwierigkeitsgrad:
★★☆☆☆

Dauer:
15 Min.

Material:
Tonkarton, Material zum Rasseln, z.B. Holzperlen, grüne Plakafarbe, Pinsel, Schere, Klebstoff, Bleistift, evtl. Klebefilm

Material pro Kind:
Toilettenpapierrolle

Blumenrassel

Für eine Blumenrassel bemalen die Kinder die Toilettenpapierrolle mit grüner Plakafarbe. Während diese trocknet, schneiden sie aus Tonkarton eine Blüte aus, die größer sein muss als der Durchmesser der Rolle (evtl. eine vorbereitete Schablone verwenden). Diese Blüte wird auf eine der beiden Öffnungen der Rolle geklebt. Für die zweite Öffnung brauchen die Kinder einen Pappkreis, für den sie die Toilettenpapierrolle als Schablone zum Aufzeichnen benutzen. Bevor auch dieser aufgeklebt wird, füllen die Mädchen und Jungen etwas Rasselmaterial ein.

Tipp:
Diese Rassel ist wegen der kleinen Klebeflächen relativ empfindlich. Sichern Sie daher evtl. die Klebestellen des unteren „Deckels" mit Klebefilm. Für eine stabilere Gestaltung ist es möglich, den Pappkreis etwas größer auszuschneiden, die überstehende Fläche rundherum mehrmals einzuschneiden und seitlich an der Toilettenpapierrolle festzukleben.

Art der Aktivität:
Bewegungsspiel

Kinder:
ganze Gruppe

Schwierigkeitsgrad:
★★☆☆☆

Dauer:
20 Min.

Material:
viele selbst gepflückte Gänseblümchen (mindestens eines pro Kind), Turngeräte oder Möbelstücke, Instrumentalmusik von einer CD, viel Platz

Bewegen mit Gänseblümchen

Mit vielen selbst gepflückten Gänseblümchen lassen sich schöne Bewegungsimpulse schaffen. Spielen Sie den Kindern eine beliebige Musik vor, zu der sie sich frei durch den Raum bewegen können. Sie tragen dabei ein oder mehrere Gänseblümchen auf verschiedene Arten: Auf der Handfläche oder dem Handrücken, auf dem Kopf oder sogar auf dem Fußrücken. Vielleicht können sie ja auch während des Gehens oder Laufens ein Gänseblümchen immer wieder etwas hochwerfen und wieder auffangen.
Bauen Sie aus Turngeräten oder Möbelstücken einen kleinen Hindernisparcours auf, den die Kinder mit ihrer Blume auf der flachen Hand oder auf dem Kopf überwinden sollen, ohne dass diese dabei herunterfällt.
Zum Abschluss der Aktivität legt die ganze Gruppe aus den Blumen gemeinsam ein Bild, z.B. eine Spirale oder einen Kreis.

Variante:
Dieses Spiel lässt sich auch mit selbst ausgeschnittenen Papierblumen spielen.

Blumen

Ich bin das Schneeglöckchen

Jedes Kind wählt ein Instrument aus. Es begleitet damit einen der Zweizeiler. Am einfachsten geht das, wenn die Kinder in der richtigen Reihenfolge nebeneinandersitzen. Ältere Kinder können ihren Vers selbst sprechen, bei jüngeren sollten Sie das übernehmen.

> Ich bin das Schneeglöckchen
> mit dem weißen Röckchen.
>
> Ich bin der schöne Flieder,
> ich blühe immer wieder.
>
> Ich bin das Tausendschön,
> bin sehr schön anzuseh'n.
>
> Ich bin das helle Licht,
> ohne mich geht es nicht.
>
> Ich bin der Regen,
> ich bringe Segen.

Tipp:
Bringen Sie echte Blumen oder Fotos von Schneeglöckchen, Flieder und Tausendschön (Gänseblümchen) als Anschauungsmaterial mit.

Variante:
Das Gedicht kann zu einem kleinen Rollenspiel ausgestaltet werden. Sie brauchen dafür eine Gruppe von zehn Kindern. Aus Krepppapier in den entsprechenden Farben können Sie einfache Kostüme für die Darstellung der Blumen herstellen: Der Flieder wird mit lila Krepppapier dargestellt, die Schneeglöckchen sind weiß, das Tausendschön trägt Rosa. „Licht" (Sonne) und „Regen" werden durch die Farben Gelb und Grau symbolisiert. Sprechen Sie das Gedicht und lassen Sie die Kinder mit den Instrumenten die Musik dazu spielen. Jeweils ein verkleidetes Kind steht zu dem entsprechenden Vers auf und geht langsam im Kreis herum, während der zu ihm gehörige Text samt Musik erklingt. Dieses Spiel eignet sich auch gut als Einstieg in einen frühlingshaften Eltern-Kind-Nachmittag.

Art der Aktivität:
Instrumentenspiel

Kinder:
5

Schwierigkeitsgrad:
★ ★ ★ ☆ ☆

Dauer:
10 Min.

Material:
fünf verschiedene Musikinstrumente, z. B. Triangel, Rassel, Fingercymbeln, Klanghölzer, Röhrentrommel

Blumen

Art der Aktivität:
Instrumentenspiel

Kinder:
ganze Gruppe

Schwierigkeitsgrad:
★ ★ ★ ☆ ☆ ☆

Dauer:
10 Min.

Material:
Triangeln, Glöckchen oder Schellen, Handtrommeln

Frühlingsblumen erwachen

Teilen Sie die Kinder in drei Gruppen auf: Die „Samen und Blumenzwiebeln", die „Sonnenstrahlen" und die „Regentropfen". Die „Samen und Blumenzwiebeln" verteilen sich im Raum, gehen in die Hocke und ziehen den Kopf ein. Sie schlafen noch unter der Erde. Die „Sonnenstrahlen" stehen auf der einen Seite des Raums und halten Triangel, Glöckchen oder Schellen in den Händen. Die „Regentropfen" stehen auf der anderen Seite und verklanglichen das Fallen der Tropfen mit ihren Handtrommeln.
Erzählen Sie nun die folgende kleine Geschichte sehr langsam und lassen Sie jeweils am Satzende eine Pause, damit die Kinder den Text darstellen können:

Im Winter liegen alle Samen und Blumenzwiebeln in der Erde.
Alle „Samen und Blumenzwiebeln" legen sich auf den Fußboden.
Wenn es Frühling wird, scheinen die ersten warmen Sonnenstrahlen auf die Samen und Blumenzwiebeln.
Die „Sonnenstrahlen" gehen langsam um die „Samen und Blumenzwiebeln" herum und lassen sehr leise ihre Instrumente erklingen.
Von Tag zu Tag wird es jetzt etwas wärmer.
Die „Sonnenstrahlen" spielen kräftiger auf ihren Instrumenten, die „Samen und Blumenzwiebeln" richten sich etwas auf.
Ein wenig Regen fällt vom Himmel.
Die „Sonnenstrahlen" ziehen sich zurück und die „Regentropfen" gehen um die „Samen und Blumenzwiebeln" herum und spielen leise die Handtrommeln.
Am nächsten Tag ist die Sonne schon richtig schön warm. Erste Schmetterlinge segeln sacht durch die Luft.
Die „Regentropfen" gehen auf ihren Platz zurück. Die „Sonnenstrahlen" streichen den „Samen und Blumenzwiebeln" sanft über den Rücken.
Der Frühling ist jetzt da. Die Samen und Blumenzwiebeln recken und strecken sich. Sie schauen schon ein bisschen aus der Erde heraus.
Die „Sonnenstrahlen" spielen wieder auf ihren Instrumenten und die „Samen und Blumenzwiebeln" recken sich, stehen aber noch nicht auf.
Es regnet nochmal ein wenig stärker.
Die „Regentropfen" gehen um die „Samen und Blumenzwiebeln" herum und spielen etwas lauter auf den Handtrommeln.
Die Samen und Blumenzwiebeln recken sich immer mehr. Sie strecken ihre Blätter und Blütenknospen aus.
Die „Samen und Blumenzwiebeln" stehen auf, machen sich sehr groß und recken die Köpfe.
Sonne und Regen wechseln sich jetzt mehrmals ab.
Mehrmals treten abwechselnd „Regentropfen" und „Sonnenstrahlen" auf.
Die ersten Knospen öffnen sich jetzt schon.
Die „Samen und Blumenzwiebeln" recken die Köpfe und strecken die Arme rechts und links am Kopf vorbei nach oben.
Wenn es regnet, schließen sich die Knospen allerdings wieder und die Tropfen rinnen an den Blüten vorbei. Das Wasser dringt in die Erde ein, wo es die Wurzeln der Frühlingsblumen aufnehmen.
Die „Samen und Blumenzwiebeln" nehmen die Arme ganz dicht an den Kopf heran und neigen ihn ein wenig. Die „Regentropfen" werden immer leiser und gehen schließlich in die Hocke.
Wenn dann die Sonne wieder scheint, strahlen alle Blumen um die Wette.
Die „Sonnenstrahlen" spielen ihre Instrumente laut und fröhlich und gehen dabei um die Blumen herum. Die „Samen und Blumenzwiebeln" öffnen die Arme wieder und lächeln sich zu.

Blumen

Veilchen und Schneeglöckchen

Ein Spiel für beide Hände: Die linke Hand ist das Veilchen, die rechte Hand stellt alle anderen Rollen dar.

Tief im Boden und mit Erde bedeckt hat sich das Veilchen gut versteckt.	*rechte Hand ist die Erde, sie wird über die linke aufrechte Hand gehalten*
Es liegt ganz ruhig, hat die Augen zu und träumt vom Frühling in stiller Ruh.	*linke Hand wiegt sich sanft hin und her*
Die Sonne scheint warm, es regnet sacht,	*Finger der rechten Hand als Sonnenstrahlen spreizen, mit den Fingern als Regen sacht zappeln*
da ist das Veilchen plötzlich erwacht.	*linke Hand bewegt sich sanft*
Es denkt: „Ich möcht im Sonnenschein endlich ein Frühlingsbote sein."	*linke Hand bewegt sich mehr*
Es reckt sich und schaut still aus dem Beet,	*linke Hand schaut zwischen den Fingern der rechten Hand hervor*
wo schon das weiße Schneeglöckchen steht.	*linke Hand und rechte Hand nicken einander zum Gruß zu*
Das ruft: „Hör mal, mein Glöckchen, es klingt so fein. Ich läute jetzt endlich den Frühling ein."	*rechte Hand bewegt sich*

Art der Aktivität:
Fingerspiel

Kinder:
ganze Gruppe

Schwierigkeitsgrad:
★★☆☆☆☆

Dauer:
5 Min.

Material:
–

Blumen

Art der Aktivität:
Gestalten

Kinder:
3–4

Schwierigkeitsgrad:
★★☆☆☆

Dauer:
10 Min.

Material:
Schüssel, Löffel, Puderzucker, Schokolinsen, Wasser, Liebesperlen, Gummibärchen u. Ä., Geschenkband

Material pro Kind:
Doppelkeks mit Schokoladenfüllung, Schaschlikspieß, durchsichtige Tüte

Blumen zum Muttertag

Bereiten Sie aus dem Puderzucker und einigen Tropfen Wasser einen festen Zuckerguss zu. Jedes Kind schiebt vorsichtig einen Schaschlikspieß als Stängel zwischen die beiden Kekse in die Schokoladenschicht. Mit dem Zuckerguss klebt es dann nach eigenem Geschmack bunte Schokolinsen, Liebesperlen usw. zunächst auf die eine, nach dem Trocknen auch auf die andere Seite des Kekses. Die bunte Blume wird zum Schluss in eine durchsichtige Tüte verpackt und der Mutter zum Muttertag überreicht.

> Ich schenk dir eine Blume heut,
> die ist ganz kunterbunt.
> Und sag dir: „Liebe Mama,
> bleib immer schön gesund!"

Tipp:
Der kleine Vers eignet sich natürlich auch zum Verschenken einer gepflückten oder selbst gestalteten Blume.

Art der Aktivität:
Gestalten

Kinder:
3–4

Schwierigkeitsgrad:
★★★☆☆

Dauer:
15 Min. + Zeit zum Trocknen

Material:
grünes Tonpapier, Wasserfarben, Pinsel, Schere, Klebstoff

Material pro Kind:
weiße Kaffeefiltertüte, grüner Trinkhalm

Batik-Blumen

Die Filtertüte wird mit Wasserfarben bemalt. Dabei verwenden die Kinder viel Wasser, damit die Farben schön verlaufen. Nach dem Trocknen schneiden sie aus jeder Seite der Filtertüte einen Kreis aus, dessen Rand anschließend wellen- oder zackenförmig als Blüte zugeschnitten wird. Diese beide Blütenteile werden nun aufeinandergeklebt, wobei das obere Ende des Trinkhalms dazwischen steckt. Zum Schluss schneiden die Kinder aus grünem Tonpapier Blätter zu und kleben sie an den Trinkhalm.

Name:

Blumen

Schau genau hin: In jeder Spalte passt eine Blume nicht zu den anderen. Kreise sie ein.

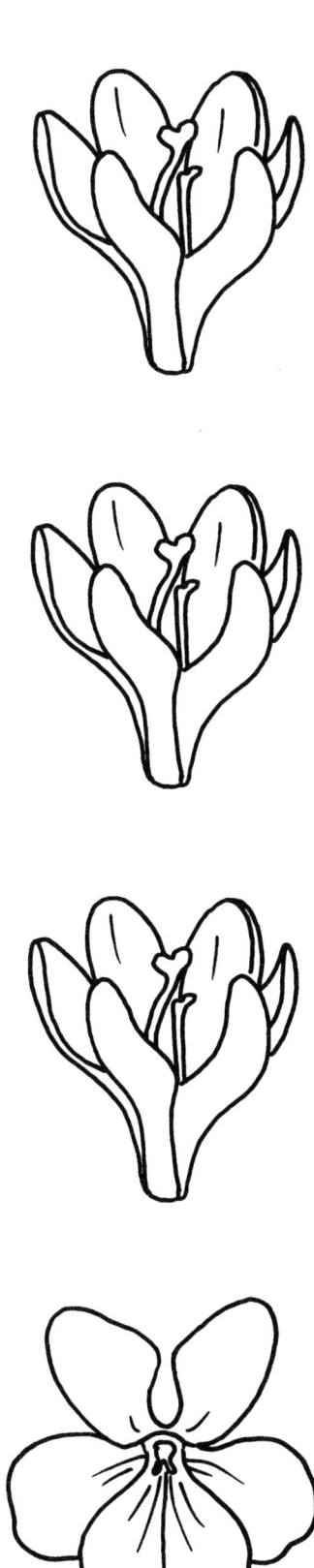

Frühlingstanz

Kommt, und lasst uns tanzen

Melodie und Text: Kati Breuer

1. Kommt, und lasst uns tanzen in der schönen Frühlingszeit.
   Kommt, und lasst uns tanzen, einen schönen Frühlingstanz.

2. Kommt, und lasst uns klatschen
   in der schönen Frühlingszeit.
   Kommt, und lasst uns klatschen,
   einen schönen Frühlingstanz.

3. Kommt, und lasst uns hüpfen
   in der schönen Frühlingszeit.
   Kommt, und lasst uns hüpfen,
   einen schönen Frühlingstanz.

4. Kommt, und lasst uns stampfen
   in der schönen Frühlingszeit.
   Kommt, und lasst uns stampfen,
   einen schönen Frühlingstanz.

Frühlingstanz

Kommt, und lasst uns tanzen

Dieses einfache Lied lernen die Kinder am besten gleich über die zum Text passenden Bewegungen. Singen Sie es ein- oder zweimal vor, die Kinder werden rasch mitsingen können. Im Anschluss an das ganze Lied können die Kinder reihum weitere Bewegungen vorschlagen. Wie wäre es mit „Kommt, und lasst uns trommeln" oder „Kommt, und lasst uns schleichen"? Sicher fällt Ihrer Gruppe noch viel mehr ein.

Tipp:
Gerne schmettern die Kinder nach jeder Strophe ein lautes „Hey!", das auch mit Instrumenten betont werden kann.

Art der Aktivität: Liedeinführung
Kinder: ganze Gruppe
Schwierigkeitsgrad: ★ ☆ ☆ ☆ ☆
Dauer: 10 Min.
Material: –

Frühlings-Stopptanz

Zur Musik von einer CD laufen oder tanzen die Kinder durch einen großen Raum. Halten Sie ab und zu die Musik an und rufen Sie den Kindern in der Pause „Kommandos" zu, die neue Bewegungen angeben:
- „Die Sonne scheint": die Arme nach oben strecken und das Gesicht mit geschlossenen Augen Richtung Himmel halten
- „Der Märzwind weht": die Arme fröstelnd um den Körper legen
- „Die Schmetterlinge fliegen": pantomimisch durch den Raum fliegen
- „Die Blumen öffnen ihre Blüten": auf dem Boden knien und beide Hände als Blütenkelch langsam öffnen

Tipp:
Erfinden Sie doch mit Ihrer Gruppe noch weitere Bewegungsideen, die zum Frühling passen. Statt zur Musik von einer CD können die Kinder auch zu Schlägen auf dem Tamburin durch den Raum laufen. Das Spiel passt, entsprechend abgewandelt, natürlich auch zu jeder anderen Jahreszeit.

Art der Aktivität: Bewegungsgeschichte
Kinder: ganze Gruppe
Schwierigkeitsgrad: ★ ☆ ☆ ☆ ☆
Dauer: 10 Min.
Material: Musik-CD (Instrumental)

Frühlingstanz

Art der Aktivität:
Klanggedicht

Kinder:
ganze Gruppe

Schwierigkeitsgrad:
★ ☆ ☆ ☆ ☆

Dauer:
10 Min.

Material:
Schmetterling, Libelle und Maus als Fingerpuppen oder Stabfiguren (siehe Vorlage S. 35), grünes Tuch, Tisch, 3–5 unterschiedliche Musikinstrumente, evtl. je ein gelbes und weißes Tuch

Frühlingsringelreih'

Legen Sie ein grünes Tuch als Wiese auf den Tisch. Sprechen Sie dann, möglichst auswendig, den Text des Gedichts und lassen Sie dazu passend die Tiere wie bei einem kleinen Puppentheater auftreten. Beim erneuten Sprechen des Gedichts können drei Kinder die Tierfiguren übernehmen. Auch Sonne und Mond können als Stabfiguren auftreten oder durch ein gelbes (Sonne) und ein weißes (Mond) Tuch symbolisiert werden. Im letzten Schritt ordnen Sie den Figuren (und, falls die Kinder möchten, auch Sonne und Mond) jeweils ein Musikinstrument zu. Das Instrument wird kurz angespielt, wenn die jeweilige Figur auftritt.

Hans, der kleine Schmetterling,
ist ein buntes Flatterding.
Tanzt mit der Libelle Liese
auf der bunten Frühlingswiese.

Grit, die kleine braune Maus,
schaut aus ihrem Loch heraus.
Sieht die Liese und den Hans,
macht auch mit beim Frühlingstanz.

Und so tanzen alle drei
einen Frühlingsringelreih'
bis die Sonne untergeht
und der Mond am Himmel steht.

Tipp:
Für die Gestaltung eigener Stabfiguren malen die Kinder die Figuren (siehe Vorlage S. 35) bunt aus. Sie kleben die gesamte Seite auf dünnen Pappkarton und schneiden die Figuren aus. Mit einem Streifen Klebefilm befestigen sie auf der Rückseite einen Schaschlikspieß oder einen Trinkhalm. Fertig sind die Stabfiguren.

Variante:
Mit einfachen Kostümen können die Kinder das Gedicht auch als kleines Rollenspiel umsetzen.

Frühlingstanz

Gestaltungsvorlage: Stabfiguren

Frühlingstanz

Art der Aktivität:
Gestalten

Kinder:
ganze Gruppe

Schwierigkeitsgrad:
★★★☆☆☆

Dauer:
30 Min.

Material:
Krepppapier in verschiedenen Farben, Schere, Baum oder Stange eines Spielgerätes im Freien, Klebefilm

Wir schmücken einen Maibaum

Erzählen Sie den Kindern von der Tradition des Maibaum-Aufstellens. In vielen Teilen Deutschlands und auch in Österreich wird, entweder am Vorabend des ersten Mai oder am ersten Mai selbst, ein langer, gerader Baumstamm aufgestellt und mit grünen Kränzen, bunten Bändern oder einer grünen Krone geschmückt. Der Maibaum zeigt, dass sich die Menschen über den Frühling und die wiedererwachende Natur freuen. Auch im Kindergarten kann ein geschmückter Maibaum stehen, er wird dort aber vermutlich nicht extra aufgestellt werden können. Schmücken Sie deshalb einfach das, was Ihnen in Ihrer Einrichtung zu Verfügung steht: Einen Baum auf dem Spielplatz, die Stange an der Rutsche oder einen Busch vor der Tür. Die Kinder schneiden dafür lange Streifen Krepppapier ab und befestigen die Enden mit Klebeband oder durch Anknoten am Baum. Jetzt können sie die Bänder um den Baum herumwickeln. Evtl. können Sie noch einen vorbereiteten Kranz oder eine Krone an der Spitze des Baums befestigen.

Tipps:
- Gerne bilden die Kinder einen Kreis um „ihren" Maibaum herum und singen ein Frühlingslied oder spielen ein Kreisspiel.
- Da Krepppapier stark färbt, wenn es feucht wird, ist es sinnvoll, es im Freien durch bunte Stoffstreifen zu ersetzen.

Art der Aktivität:
Gestalten

Kinder:
3–4

Schwierigkeitsgrad:
★★★☆☆☆

Dauer:
10 Min.

Material pro Kind:
Zweig, Krepppapierstreifen in verschiedenen Farben, Wasserfarben, Pinsel

Ein Maizweig für dich

Viele Kinder haben Spaß daran, mit den Resten, die von der Gestaltung des großen Maibaums übrig geblieben sind, einen eigenen kleinen Maizweig zu schmücken. Sie können ihren Zweig mit Wasserfarben bemalen und nach dem Trocknen wiederum mit Krepppapierstreifen verzieren. Vorsicht: Die Wasserfarben müssen erst ganz trocken sein, bevor die Streifen angehängt werden: Krepppapier färbt sehr stark ab, wenn es feucht wird.
Die fertigen Maizweige können zusammen in einer hohen Vase stehen und als bunte Dekoration dienen.

Tipp:
Selbstverständlich können die selbst gestalteten Maizweige auch verschenkt werden.

Frühlingstanz

Frühlingstanz im Garten

In diesem Gedicht treten insgesamt fünf Tiere auf. Ordnen Sie zunächst jedem Tier ein Instrument zu. Wenn mehr als fünf Kinder mitspielen, werden einfach einige Rollen doppelt besetzt.
Üben Sie zunächst die Zuordnung ein: Nennen Sie eins der Tiere (Käfer, Spitzmaus, Storch, Frosch, Henne). Das Kind mit dem dazugehörigen Instrument spielt einige Töne. Wenn das gut klappt, sprechen Sie den Text und lassen Sie die Kinder an den passenden Stellen Musik machen. Am meisten Spaß macht natürlich das „Getobe" in der letzten Strophe. Hier spielen alle Kinder gemeinsam.

Art der Aktivität: Klanggedicht

Kinder: 5–10

Schwierigkeitsgrad: ★★☆☆☆

Dauer: 15 Min.

Material: 5 verschiedene Instrumente, ggf. zweimal vorhanden

Max, der kleine Käfer,
wohnt in meinem Garten.
Möchte gerne Freunde haben,
will nicht länger warten.

Da kommt Pieps, die Spitzmaus,
sieht den Käfer warten.
Und schon tanzen sie zu zweit
in meinem schönen Garten.

Pieps ruft alle Tiere
hier im schönen Garten:
„Ihr könnt Käfers Freunde sein,
dann muss er nicht mehr warten."

Storch und Frosch und Henne
kommen in den Garten.
Wollen gern im Tanz sich dreh'n,
können's kaum erwarten.

Das gibt ein Getobe
in dem schönen Garten.
Alle rennen hin und her
und keiner muss mehr warten.

April, April!

April macht, was er will

Melodie und Text: Kati Breuer

A-pril, A-pril, A-pril, ja, der macht, was er will. A-pril, A-pril, A-pril, der macht im-mer, was er will. Erst bringt er war-men Son-nen-schein und al-le freu'n sich sehr, dann reg-net es, dann ha-gelt es, dann reg-net es noch mehr, dann kommt wie-der die Son-ne raus, die Luft wird warm und schön, doch schon sind dort am Him-mel di-cke Wol-ken zu seh'n. A-pril, A-pril, A-pril, ja, der macht, was er will. A-pril, A-pril, A-pril, der macht im-mer, was er will.

April, April!

April macht, was er will

Sammeln Sie mit den Kindern in einer Gesprächsrunde viele unterschiedliche Wettersituationen und spielen Sie diese auf Körperinstrumenten nach, z. B.:

es nieselt	*mit den Fingerspitzen auf die Oberschenkel trommeln*
es donnert	*stampfen*
der Wind weht	*pusten*

Gehen Sie dann dazu über, die Wettersituationen in der Reihenfolge zu nennen, in der sie auch im Lied vorkommen. Die Kinder machen die Bewegungen und Geräusche dazu, z. B.:

die Sonne scheint	*mit beiden Händen einen Kreis in die Luft malen*
es regnet	*mit den Fingerspitzen vorsichtig auf die Wangen klopfen*
es hagelt	*mit den flachen Händen auf die Oberschenkel schlagen*
es regnet	*mit den Fingerspitzen vorsichtig auf die Wangen klopfen*
die Sonne scheint	*mit beiden Händen einen Kreis in die Luft malen*

Sprechen Sie den Text und singen Sie ihn schließlich genau wie im Lied. Erfahrungsgemäß machen viele Kinder jetzt sofort mit.

Art der Aktivität: Liedeinführung
Kinder: ganze Gruppe
Schwierigkeitsgrad: ★☆☆☆☆
Dauer: 10 Min.
Material: –

Ein Aprilwetterbild malen

Da die Arbeit während des Gestaltungsprozesses senkrecht gestellt werden soll, ist es wichtig, dass das Papier einen stabilen Untergrund hat. Daher verwenden die Kinder für diese Aktivität entweder das oberste Blatt eines Zeichenblocks, ohne es zuvor aus dem Block zu reißen, oder einen Tonkarton. Die Kinder malen zunächst mit Wachsmalkreiden ein Bild mit schönem Wetter: sich selbst im Sonnenschein, eine Frühlingswiese oder etwas Ähnliches. Mit Wasserfarben malen die Kinder dann an den oberen Bildrand dicke, dunkle Wolken und verwenden dabei viel Wasser. Wenn das Bild jetzt senkrecht gestellt wird, können die Kinder beobachten, wie farbige Tropfen herunterrinnen, wie beim Regen.

Tipp:
Wenn die Kinder das Papier im Hochformat bemalen, kann es später länger „regnen".

Art der Aktivität: Gestalten
Kinder: 3–4
Schwierigkeitsgrad: ★☆☆☆☆
Dauer: 10 Min.
Material: Wachsmalkreiden, Wasserfarben, Pinsel
Material pro Kind: Zeichenblock oder Tonkarton

April, April!

Aprilwetterrap

Text: Kati Breuer

Manchmal stört mich der April:
Wenn die Tropfen fallen.
Denn er macht ja, was er will.
Spielt geschickt mit allem.

April, April,
macht immer, was er will.

Manchmal stört mich der April:
Wenn die Stürme toben.
Kurz danach, man glaubt es kaum,
scheint die Sonne droben.

April, April,
macht immer, was er will.

Manchmal stört mich der April:
Was soll ich nur tragen?
Lange Hose, kurzes Kleid?
Wetterfrosch befragen?

April, April,
macht immer, was er will.

Manchmal freut mich der April:
Wärmer soll es werden.
Die Natur beginnt zu blüh'n,
Frühling wird's auf Erden.

April, April,
macht immer, was er will.

April, April!

April, April!

Sprechen Sie bereits einige Tage vor dem ersten April mit Ihrer Gruppe über das Thema Aprilscherze. Nennen Sie den Kindern ein paar Beispiele für gelungene Scherze, reden Sie aber auch darüber, dass bei einem solchen Spaß nichts kaputt gehen darf und sich niemand verletzen soll.
Am ersten April versuchen Sie dann, Ihre Kinder „hereinzulegen". Sie können z. B.:
- einen Kuchen backen, der mit Lebensmittelfarbe gefärbt wurde,
- eine Plastikspinne auf den Teewagen setzen oder
- vor dem Morgenkreis alle Sitzkissen verstecken.

Lösen Sie die Spannung aber rasch auf, indem Sie „April, April!" rufen.

Variante:
Besonderen Spaß haben die Kinder daran, ihre Eltern in den April zu schicken. Überlegen Sie gemeinsam, wie das möglich ist: Vielleicht verstecken sich alle Kinder zur Abholzeit und Sie erklären den verdutzten Eltern, ihre Kinder seien spontan zu einem Ausflug aufgebrochen und noch nicht zurück. Mit lautem Hallo und „April, April!" kommen dann alle Kinder aus ihrem Versteck.

Art der Aktivität: Sprachspiel
Kinder: ganze Gruppe
Schwierigkeitsgrad: ★★☆☆☆
Dauer: 15 Min.
Material: dem ausgewählten Aprilscherz entsprechend

Märchenquatsch

Verteilen Sie die Musikinstrumente an die Kinder. Lesen Sie ihnen dann ein ihnen bekanntes Märchen vor, in das Sie allerlei Fehler einbauen. Da wird aus Rotkäppchen vielleicht ein Blaukäppchen, die Großmutter hat statt großer Ohren ganz klitzekleine oder Rapunzel lässt nicht ihr Haar, sondern ihren Arm herunter. Je lustiger und verrückter die Fehler sind, desto mehr Spaß haben die Kinder. Sie passen gut auf und rufen bei jedem Fehler laut „April, April!" und spielen dazu auf den Instrumenten.

Tipp:
Sie können auch ein Lied singen, das die Kinder gut kennen, und dort Fehler einbauen, z. B.:

Häschen in der *Tube*
saß und *flog*, saß und *flog*.
Armes Häschen, bist du *alt*,
dass du nicht mehr *fliegen* kannst …

Art der Aktivität: Instrumentenspiel
Kinder: ganze Gruppe
Schwierigkeitsgrad: ★★☆☆☆
Dauer: 10 Min.
Material: Märchenbuch
Material pro Kind: ein Musikinstrument

Ostern

Osterlied

Melodie und Text: Kati Breuer

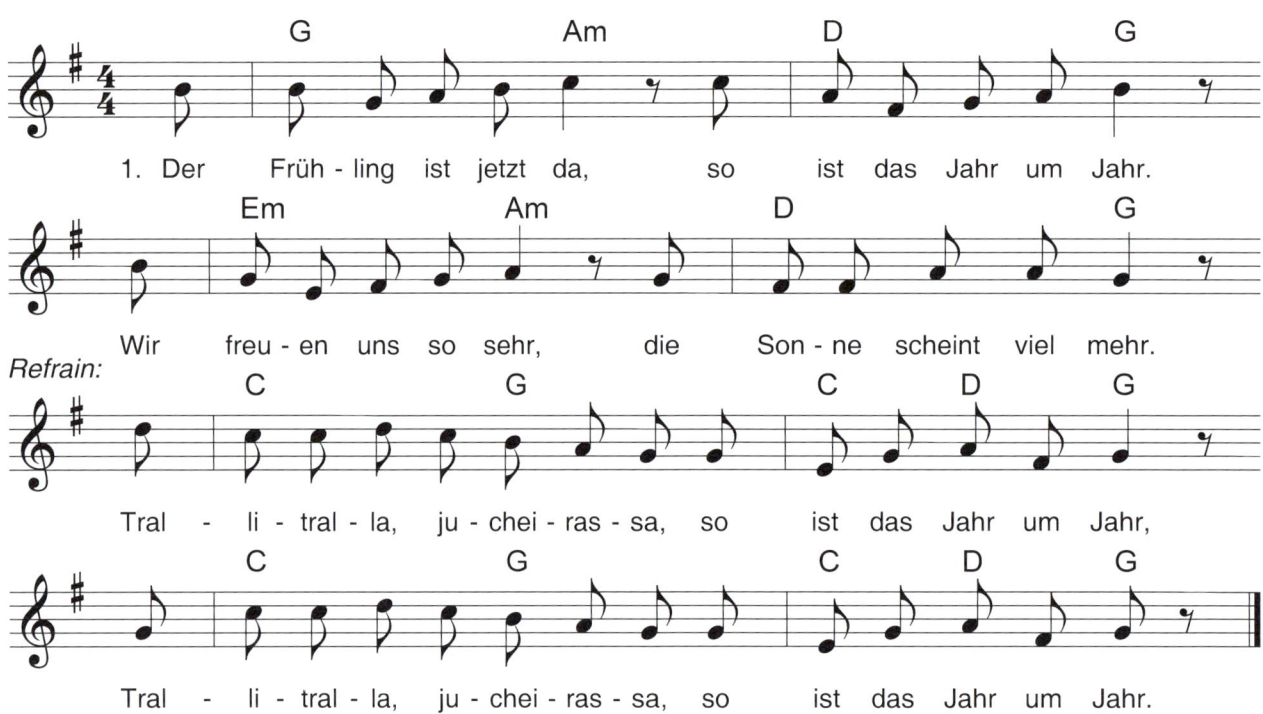

1. Der Frühling ist jetzt da, so ist das Jahr um Jahr. Wir freuen uns so sehr, die Sonne scheint viel mehr.

Refrain: Tral - li - tral - la, ju - chei - ras - sa, so ist das Jahr um Jahr, Tral - li - tral - la, ju - chei - ras - sa, so ist das Jahr um Jahr.

2. Auch Blätter sind jetzt da,
   so ist das Jahr um Jahr.
   Wir freuen uns so sehr,
   der Frühlingsduft wird mehr.

3. Das Osterfest ist da,
   so ist das Jahr um Jahr.
   Wir freu'n uns auf das Fest
   und jeder auf sein Nest.

Ostern

Osterlied

Beginnen Sie bei diesem Lied mit dem Refrain. Erzählen Sie den Kindern eine kurze Geschichte vom Frühling und singen Sie im Anschluss daran den Refrain. Mit der Einführung der Strophen verfahren Sie genauso: Sagen Sie ein oder zwei Sätze über die neuen grünen Blätter bzw. über das Osterfest und schließen Sie direkt den Refrain an. Spätestens jetzt werden viele Kinder schon mitsingen und bis zum Singen des ganzen Liedes ist es nur noch ein kleiner Schritt.

Art der Aktivität:
Liedeinführung

Kinder:
ganze Gruppe

Schwierigkeitsgrad:
★ ☆ ☆ ☆ ☆

Dauer:
10 Min.

Material:
–

Zwölf Eier im Garten

Geben Sie die Cymbel oder Triangel einem Kind. Lesen Sie nun allen Kindern das Gedicht einmal vor. Zeigen Sie dabei die Zahlenangaben deutlich mit den Fingern an: „Eins legt er unter die Gartenbank …" Das Kind spielt die genannten Zahlen auf dem Instrument nach, indem es so oft darauf schlägt, wie es die Zahl vorgibt. Wer an der Reihe war, gibt das Instrument an das nächste Kind weiter.

> Der Osterhas' hat über Nacht
> zwölf Eier in unseren Garten gebracht.
> **Eins** legte er unter die Gartenbank,
> **drei** in das grüne Efeugerank,
> **vier** in das Hyazinthenbeet,
> **drei**, wo die weiße Narzisse steht,
> **eins** legte er auf den Apfelbaumast,
> da hat sicher die Katze mit angefasst.
>
> *(überliefert)*

Art der Aktivität:
Instrumentenspiel

Kinder:
5

Schwierigkeitsgrad:
★ ★ ★ ☆ ☆

Dauer:
10 Min.

Material:
Cymbel oder Triangel mit Schlägel

Name:

Ostereier verstecken

Hilf dem Osterhasen, die Eier zu verstecken. Male ein Ei unter die Gartenbank, drei Eier in den Efeu, vier zu den Hyazinthen, drei zu der Narzisse und eins auf den Apfelbaum.

Ostern

Hurra, es ist Ostern!

Lesen Sie die Geschichte vor und holen Sie an den angegebenen Stellen jeweils ein Requisit aus dem Korb.

Jule ist ganz aufgeregt. Seit Tagen freut sie sich schon auf den Ostersonntag. Ob es ihr wohl dieses Jahr gelingen wird, den Osterhasen beim Verstecken der Eier zu beobachten?
Letztes Jahr hat sie das nicht geschafft, aber Mama hat gesagt, sie hätte ganz deutlich den weißen Puschelschwanz des Osterhasen *Wattebausch zeigen* im Garten aufblitzen sehen, als er um die Ecke huschte. Natürlich hat sich Jule im letzten Jahr auch sehr über die bunten Eier gefreut, die sie im Garten gefunden hat, aber noch lieber hätte sie eben den Osterhasen selbst gesehen.
Dieses Jahr klappt es bestimmt, denkt Jule, als sie am Samstagabend ins Bett geht. Im Kindergarten hat sie in der vergangenen Woche drei ausgeblasene Eier angemalt und vorsichtig mit nach Hause genommen. *drei Eier zeigen*
Das vierte Ei ist leider beim Bemalen kaputt gegangen, aber dafür sind die anderen drei richtig schön geworden. Jule und Mama haben sie in den großen Strauch im Vorgarten gehängt.
„Damit der Osterhase sie gleich sieht, wenn er am Sonntag kommt", hat Jule gesagt, und Mama hat gelächelt.
Jetzt liegt Jule im Bett und kann gar nicht einschlafen, so aufgeregt ist sie. Was, wenn der Osterhase diesmal schon in der Nacht kommt, wenn es noch dunkel ist? Am Ende hat er sich noch mit dem Nikolaus abgesprochen, der kommt ja auch immer nachts. Aber schließlich schläft Jule ein.
Früh am Morgen scheint die Sonne durch Jules Fenster und kitzelt sie mit ihren Strahlen an der Wange. *jedes Kind mit der gelben Märchenwolle an der Wange berühren*
Jule wacht auf und springt aus dem Bett. Hurra, heute ist Ostern! Schnell zieht sie sich an und stürmt nach unten. Mama und Papa sind schon wach und decken gerade den Frühstückstisch.
„Guten Morgen, Jule, gut geschlafen?", fragt Papa. Aber Jule hat gar keine Zeit zu antworten, sie schlüpft schnell in ihre Gummistiefel, denn die kann sie am schnellsten anziehen. Schon flitzt sie in den Garten. Das Gras ist noch ganz feucht vom Tau und Jule sieht, dass an einigen Stellen dunkelgrünes Moos wächst. *Moos zeigen*
Aber egal wo Jule auch nachsieht, den Osterhasen findet sie nicht. Nicht mal ein kleines Osternest oder einen Schokoladenosterhasen kann sie entdecken. Enttäuscht geht Jule zurück ins Haus.
„Jule, Jule, komm schnell!", ruft da Mama aus der Küche. „Ich glaube, ich habe gerade den Osterhasen gesehen. Er hatte braunes Fell." *Fellrest zeigen*
Jule staunt. Mama war doch in der Küche, nicht im Garten, wie kann sie den Osterhasen gesehen haben? Doch da fällt es ihr ein: Natürlich, der Vorgarten, den sie selbst gestern mit den ausgeblasenen Eiern geschmückt hat. Dort muss der Osterhase gewesen sein. Und er hat bestimmt etwas im Gras versteckt. Für Jule – und für euch auch. *Ostereier an die Kinder verteilen*

Tipp:
Wenn zwei Erwachsene die Geschichte vortragen, kann einer lesen, während der andere die Requisiten herausholt.

Art der Aktivität:
Vorlesegeschichte

Kinder:
ganze Gruppe

Schwierigkeitsgrad:
★ ☆ ☆ ☆ ☆

Dauer:
10 Min.

Material:
Korb oder Kiste mit Wattebausch, drei bemalten Eiern, gelber Märchenwolle, frischem Moos (ersatzweise grüne Märchenwolle), einem braunen Fellrest, einem kleinen Osterei für jedes Kind

Osterhase

Lieber Osterhase

Melodie und Text: Kati Breuer

2. Bring rote, bring blaue,
   bring auch ein buntes Ei.
   Wir freu'n uns, wir freu'n uns
   und rufen dich herbei:
   „Lieber Osterhase!"

Osterhase

Lieber Osterhase

Sprechen Sie den Kindern zunächst den Text vor und machen Sie die entsprechenden Bewegungen dazu. Im zweiten Durchgang singen Sie das Lied, erfahrungsgemäß singen viele Kinder rasch mit. Schließlich verteilen Sie die Musikinstrumente und fordern die Kinder dazu auf, jeweils den Ruf an den Osterhasen („Lieber Osterhase!") damit zu begleiten. Es ist gar nicht so leicht, die Instrumente lange still zu halten und nur am Schluss einzusetzen.

Art der Aktivität: Liedeinführung
Kinder: ganze Gruppe
Schwierigkeitsgrad: ★★☆☆☆
Dauer: 10 Min.
Material pro Kind: ein Musikinstrument

Refrain:

Jetzt kommt sie, jetzt kommt sie, die schöne Osterzeit.	*klatschen*
Da stell'n wir, da stell'n wir das Osternest bereit.	*mit beiden Händen ein Nest formen*
1. Leg's hierhin, leg's dorthin, das schöne bunte Ei.	*mit Daumen und Zeigefinger ein Ei andeuten und sich in zwei verschiedene Richtungen bücken*
Wir freu'n uns, wir freu'n uns und rufen dich herbei:	*klatschen*
„Lieber Osterhase!"	*rufen bzw. Instrument spielen*

Hasenhandpuppe

Die Kinder bemalen die Unterseiten der beiden Pappteller mit Wasserfarben. Ein Pappteller wird später das Gesicht des Hasen mit Augen, Nase und Mund, der zweite Pappteller der Hinterkopf. Während die Farbe trocknet, schneiden die Kinder zwei lange Hasenohren aus Tonkarton aus. Die beiden Pappteller werden mit den bemalten Seiten nach außen aufeinandergelegt und die beiden Ohren dazwischen eingeklemmt. Mit dem Tacker heften Sie beide Teller zusammen, lassen dabei jedoch den unteren Bereich aus. Hier schneiden die Kinder beide Teller etwa tellerrandbreit gerade ab und können ihre Hand so in den Hasenkopf stecken.

Tipp:
Damit sich die Kinder besser vorstellen können, wie die fertige Hasenhandpuppe aussieht, können Sie vorab evtl. ein Exemplar vorbereiten.

Art der Aktivität: Gestalten
Kinder: 3–4
Schwierigkeitsgrad: ★★★☆☆
Dauer: 10 Min.
Material: brauner Tonkarton, Wasserfarben, Pinsel, Buntstifte, Schere, Klebstoff, Tacker
Material pro Kind: zwei Pappteller

Osterhase

Art der Aktivität:
Gestalten

Kinder:
3–4

Schwierigkeitsgrad:
★★☆☆☆

Dauer:
10 Min.

Material:
weiße Buntstifte, Schere, Klebstoff, Locher, Gummilitze

Material pro Kind:
brauner Tonkarton

Hasenohren

Aus Tonkarton schneidet jedes Kind zwei lange Hasenohren aus. Je nach Alter und Entwicklungsstand Ihrer Kinder können Sie dafür Schablonen als Hilfe vorbereiten, individueller werden die Ohren allerdings, wenn jedes Kind sie frei Hand aufmalt und ausschneidet. Mit weißen Buntstiften wird das Fell im Inneren der Ohren angedeutet. Die Ohren werden von hinten an einen Streifen Tonkarton (etwa 4 cm breit und 25 cm lang) geklebt. Die beiden Enden des Streifens mit dem Locher lochen und ein Stück Gummilitze festknoten. Deren Länge richtet sich nach dem Kopfumfang des Kindes.

Art der Aktivität:
Instrumentenspiel

Kinder:
5–6

Schwierigkeitsgrad:
★☆☆☆☆

Dauer:
10 Min.

Material:
eine Triangel

Material pro Kind:
eine Rassel

Der erste Ostertag

Lesen Sie den Kindern das Gedicht zunächst einmal vor. Verteilen Sie dann an alle Kinder bis auf eines die Rasseln. Das übrig gebliebene Kind erhält die Triangel. Die Rasseln begleiten beim zweiten Vorlesen den Text. Regen Sie die Kinder dazu an, möglichst unterschiedlich laute Töne passend zum Text zu erzeugen. Wenn am Schluss der König spricht, spielt das entsprechende Kind dazu die Triangel. Bei „So schweigt doch ein wenig" verstummen die Rasseln und nur noch die Triangel ist zu hören.

> Fünf Hasen, die saßen beisammen dicht.
> Es macht ein jeder ein traurig' Gesicht.
> Sie jammern und weinen:
> Die Sonn' will nicht scheinen!
> Bei so vielem Regen
> wie kann man da legen
> den Kindern das Ei?
> Oh wei, oh wei!
> Da sagte der König:
> So schweigt doch ein wenig!
> Lasst Weinen und Sorgen.
> Wir legen sie morgen!
>
> *(Heinrich Hoffmann, 1809–1894)*

Osterhase

Unterm Baum im grünen Gras

Sprechen Sie das Gedicht mit den Kindern und machen Sie gemeinsam die passenden Bewegungen dazu.

Unterm Baum im grünen Gras	*sich ducken*
sitzt ein kleiner Osterhas'.	*mit den Händen Hasenohren andeuten*
Putzt den Bart und spitzt das Ohr,	*sich pantomimisch putzen, einen Zeigefinger aufmerksam hochhalten*
macht ein Männchen, guckt hervor.	*Männchen machen, mit den Fingern eine Brille andeuten*
Springt dann fort mit einem Satz –	*hüpfen*
und ein kleiner, frecher Spatz	*mit Daumen und Zeigefinger einen Vogelschnabel andeuten*
schaut jetzt nach, was denn dort sei.	*suchend umherblicken*
Und was ist's? Ein Osterei!	*mit Daumen und Zeigefinger ein Ei andeuten*

(Emanuel Geibel, 1815–1884)

Tipp:
Das Gedicht eignet sich auch hervorragend zur Gestaltung mit Instrumenten. Entweder können alle Kinder musizieren, oder Sie teilen die Gruppe in Musikanten und Schauspieler auf. Bei der zweiten Variante macht ein Teil der Kinder die oben angegeben Bewegungen, ein anderer Teil untermalt diese mit Tönen.

Art der Aktivität: Bewegungsspiel
Kinder: ganze Gruppe
Schwierigkeitsgrad: ★☆☆☆☆
Dauer: 5 Min.
Material: –

Hüpfen wie ein Hase

Bauen Sie im Vorfeld Turngeräte und/oder Möbel so im Raum auf, dass die Kinder über oder um sie herum hüpfen können. Jedes Kind setzt nun seine Hasenohren auf. Fragen Sie die Kinder, wie sich ein Hase bewegt. Nun hüpfen die Kinder so, wie sie mögen, über oder um den vorbereiteten Parcours herum. Sie können dazu Musik vorspielen.
Vielleicht haben die Kinder Lust, sich mit den vorhandenen Materialien eine Hasenhöhle zu bauen, in die sie gemeinsam oder in kleinen Gruppen hineinpassen?

Tipp:
Bei schönem Wetter hüpfen die „Hasen" auch gerne auf dem Spielplatz herum.

Art der Aktivität: Bewegungsspiel
Kinder: je nach Platz 10 oder mehr
Schwierigkeitsgrad: ★★☆☆☆
Dauer: 10 Min.
Material: Turngeräte oder Möbel, z. B. Tische, Stühle, Spielzeugkisten, evtl. flotte Instrumentalmusik von einer CD, viel Platz
Material pro Kind: Hasenohren (siehe S. 48)

Osterhase

Osterhasen-ABC

Melodie und Text: überliefert

1. A, B, C, das Häschen sitzt im Klee.
Der Löwenzahn, der schmeckt so gut, oh lieber Has', sei auf der Hut.
A, B, C, das Häschen sitzt im Klee.

2. D, E, F, G,
   die Ohren in die Höh'.
   Wer schleicht auf leisen Pfoten her?
   Der Fuchs! Der Has' erschrickt so sehr.
   D, E, F, G,
   die Ohren in die Höh'.

3. H, I, J, K,
   nun ratet, was geschah.
   Es schlägt die Haken ganz geschwind,
   das kann ein flinkes Hasenkind.
   H, I, J, K,
   nun ratet, was geschah.

4. L, M, N, O,
   die Mutter Has' ist froh.
   Sie hat von ferne es geseh'n,
   dem Hoppelhas' ist nichts gescheh'n.
   L, M, N, O,
   die Mutter Has' ist froh.

5. P und Q,
   komm liebes Häschen, du!
   Nun werden Eier angemalt,
   wie schön bald jede Farbe strahlt.
   P und Q,
   komm liebes Häschen, du!

6. R, S, T,
   die Pfoten in die Höh'.
   Mit Pfoten malt es sich ganz toll
   und bald sind alle Körbe voll.
   R, S, T,
   die Pfoten in die Höh'.

Osterhase

Osterhasen-ABC

Viele Kinder kennen die Melodie dieses einfachen Liedes bereits, wenn auch vielleicht mit einem anderen Text („ABC, die Katze lief im Schnee" oder auch „Hopp, hopp, hopp, Pferdchen lauf Galopp"). Eine Einführung ist daher in der Regel nicht notwendig und Sie können direkt lossingen. Vielen Kindern bereitet es Spaß, wenn sie jeweils zu den Buchstaben klatschen. Das ist gar nicht so einfach, weil der Rhythmus hier von Strophe zu Strophe variiert.

Tipp:
Das Lied vom Häschen-ABC wurde über mehrere Generationen weitergegeben. Ob es auch zu den letzten sechs Buchstaben des Alphabets (U, V, W, X, Y, Z) einmal Strophen gegeben hat, ist nicht bekannt. Womöglich weiß eines der älteren Kinder schon, dass es noch mehr Buchstaben gibt, als im Lied vorkommen? Vielleicht möchten die Kinder zu den fehlenden Buchstaben selbst neue Strophen dichten.

Art der Aktivität:
Liedeinführung

Kinder:
ganze Gruppe

Schwierigkeitsgrad:
★ ☆ ☆ ☆ ☆

Dauer:
10 Min.

Material:
–

Bilderkino

Lieder wie das Osterhasen-ABC, die eine fortlaufende Geschichte erzählen, lassen sich prima als Bilderkino umsetzen. Dafür malen die Kinder zu jeder Strophe mit kräftigen Farben ein großformatiges Bild, das den Text illustriert (1. Hase sitzt im Klee, 2. Fuchs kommt, 3. Hase läuft weg usw.). Die Bilder werden entweder in der richtigen Reihenfolge nebeneinander auf eine Wäscheleine gehängt oder aber hintereinander auf einen Notenständer gestellt. Wenn die Kinder dann das Lied singen und mit Instrumenten begleiten, zeigen Sie dazu auf das jeweils passende Bild bzw. nehmen eines nach dem anderen vom Notenständer herunter, sodass das nächste sichtbar wird. Wenn in der Einrichtung eine Videokamera vorhanden ist, lohnt sich hier eine Aufnahme als eine tolle Erinnerung für die Kinder und ihre Eltern.

Tipp:
Die Bilder können in jeder beliebigen Technik gestaltet werden. Wie wäre es z. B. mit Collagen aus gerissenem oder geschnittenem Papier?

Art der Aktivität:
Gestalten

Kinder:
ganze Gruppe (Gemeinschaftsarbeit)

Schwierigkeitsgrad:
★ ★ ★ ☆ ☆ ☆

Dauer:
30 Min.

Material:
DIN-A3-Papier, Wachsmalkreiden oder Wasserfarben und Pinsel, Musikinstrumente, Wäscheleine mit Klammern oder Notenständer, Zeigestock, evtl. Videokamera

Schmetterlinge

Ich bin ein bunter Schmetterling

Melodie und Text: Kati Breuer

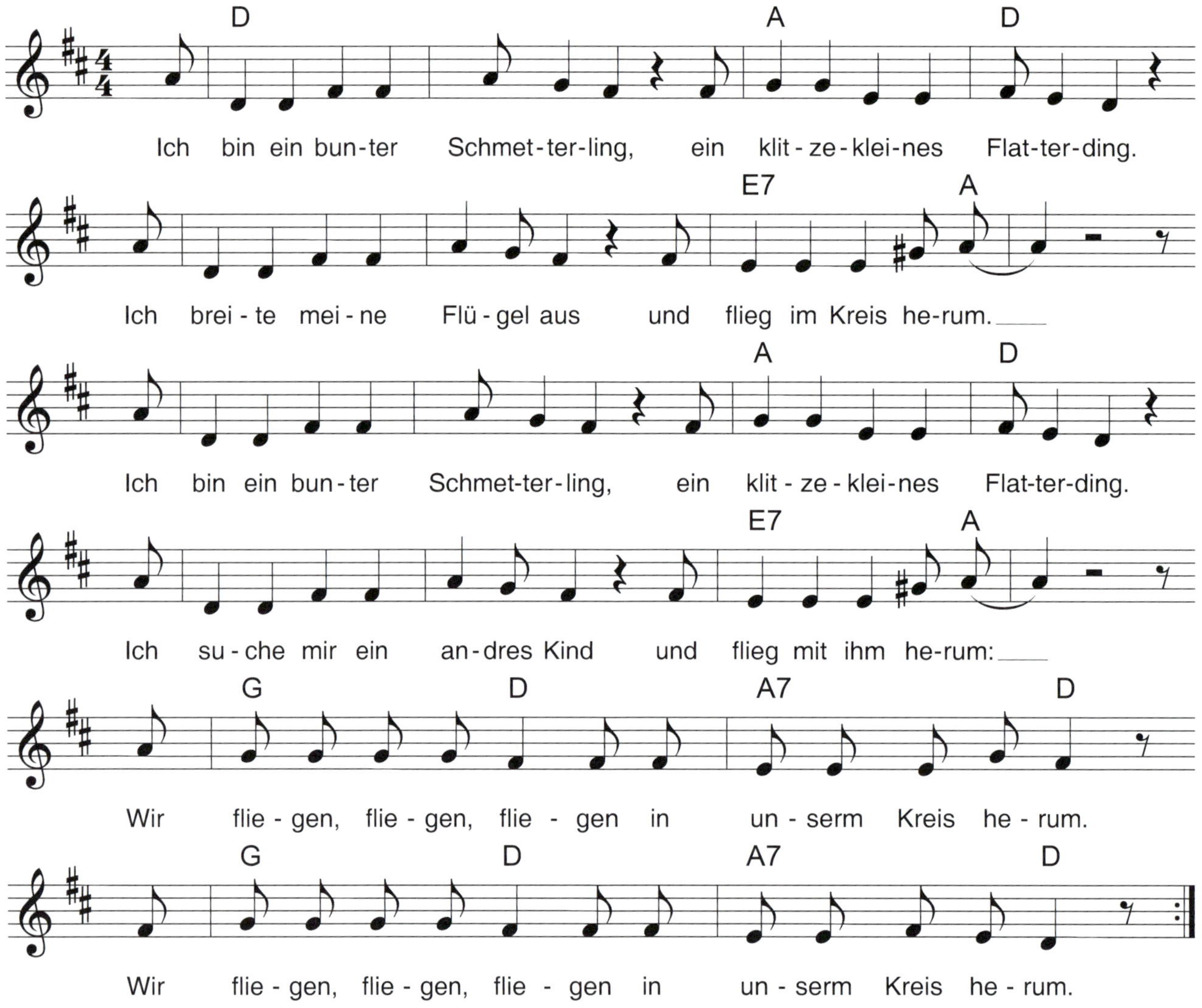

Ich bin ein bunter Schmetterling, ein klitzekleines Flatterding.
Ich breite meine Flügel aus und flieg im Kreis herum.
Ich bin ein bunter Schmetterling, ein klitzekleines Flatterding.
Ich suche mir ein andres Kind und flieg mit ihm herum:
Wir fliegen, fliegen, fliegen in unserm Kreis herum.
Wir fliegen, fliegen, fliegen in unserm Kreis herum.

Schmetterlinge

Ich bin ein bunter Schmetterling

Bei diesem Lied handelt es sich um ein einfaches Kreisspiel, das die Kinder am besten sofort mitspielen. Sie stehen im Kreis und halten sich an den Händen. Eins von ihnen ist der Schmetterling, der in der Mitte herumfliegt. Bei „Ich suche mir ein andres Kind" wählt das Schmetterlingskind ein zweites aus und fliegt kurz mit ihm zusammen herum. Danach stellt es sich zurück in den Kreis und der neue Schmetterling bleibt in der Mitte, bis er wiederum ein neues Kind aussucht. Während die beiden Schmetterlinge in der Kreismitte „herumfliegen", bewegen die Kinder im Kreis die Arme wie Flügel vorsichtig auf und ab, aber ohne sich dabei loszulassen.

Art der Aktivität: Liedeinführung / Kreisspiel
Kinder: ganze Gruppe
Schwierigkeitsgrad: ★☆☆☆☆
Dauer: 10 Min.
Material: –

Schmetterlinge segeln durch die Luft

Jedes Kind wählt ein Instrument aus und begleitet das von Ihnen vorgelesene Gedicht mit sehr leisen, zarten Klängen.

Schmetterlinge segeln durch die Luft.
Sie suchen den schönsten Blumenduft.
Sie fliegen hierhin und auch dort.
Sie flattern immer weiter fort.
Sie naschen süßen Blütensaft,
der gibt den kleinen Wesen Kraft.
Und erst wenn sich die Sonne neigt
und sich der Mond am Himmel zeigt,
klappt Schmetterling die Flügel zu
und flüstert: „Wünsche gute Ruh!"

Art der Aktivität: Klanggedicht
Kinder: 5–6
Schwierigkeitsgrad: ★★☆☆☆
Dauer: 10 Min.
Material: Instrumente, die zarte Klänge erzeugen, z. B. Triangel, Fingercymbeln, Klangschale

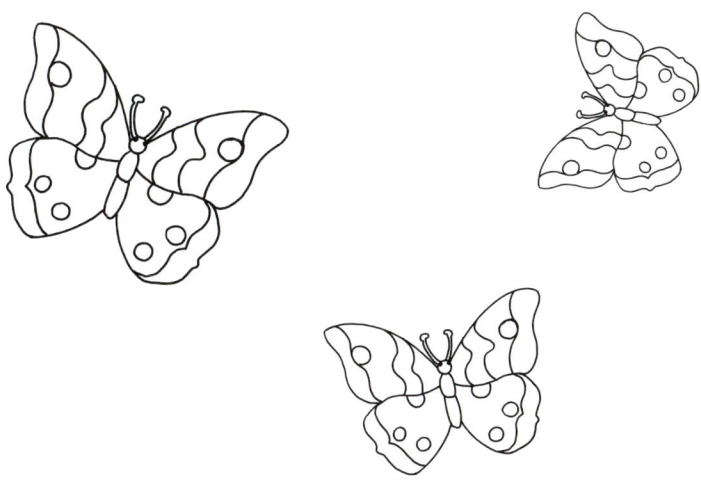

Schmetterlinge

Art der Aktivität:
Gestalten

Kinder:
3–4

Schwierigkeitsgrad:
★★★☆☆☆

Dauer:
15 Min.

Material:
Wasserfarben, Pinsel, bunte Holz- oder Plastikperlen, die auf die Pfeifenputzer passen, Flüssigklebstoff

Material pro Kind:
Holzwäscheklammer, ca. 2,5 Pfeifenputzer, die Standardlänge ist 50 cm

Bunte Schmetterlinge

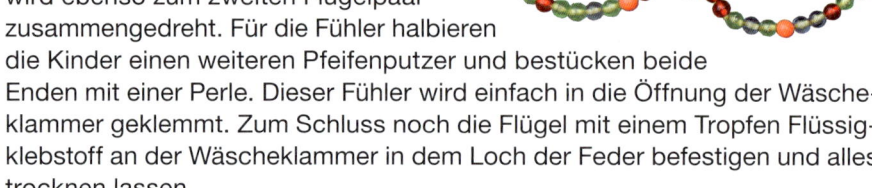

Jedes Kind bemalt eine Wäscheklammer von beiden Seiten nach eigenem Geschmack und lässt sie trocknen. Auf zwei Pfeifenputzer fädelt es dann bunte Perlen so auf, dass an den beiden Enden jeweils etwa 2,5 cm frei bleiben. Diese freien Enden werden zur Mitte gelegt und verdreht, sodass eine Figur entsteht, die einer acht ähnelt, das erste Flügelpaar. Der zweite perlenbesetzte Pfeifenputzer wird ebenso zum zweiten Flügelpaar zusammengedreht. Für die Fühler halbieren die Kinder einen weiteren Pfeifenputzer und bestücken beide Enden mit einer Perle. Dieser Fühler wird einfach in die Öffnung der Wäscheklammer geklemmt. Zum Schluss noch die Flügel mit einem Tropfen Flüssigklebstoff an der Wäscheklammer in dem Loch der Feder befestigen und alles trocknen lassen.

Art der Aktivität:
Bewegungsspiel

Kinder:
ganze Gruppe

Schwierigkeitsgrad:
★☆☆☆☆☆

Dauer:
15 Min. + Vorbereitungszeit

Material:
Stifte, Schere, (klassische) Instrumentalmusik von einer CD (z. B. „Kanon in D" von Johann Pachelbel), evtl. pro Kind zwei Chiffontücher, viel Platz

Material pro Kind:
Tonkarton

Fliegen wie ein Schmetterling

Die Vorbereitung übernehmen die Kinder selbst, indem sie sich eine große Blüte auf Tonkarton aufmalen und ausschneiden. Sie soll so groß sein, dass das Kind darauf sitzen kann.
Für das Bewegungsspiel verteilen Sie gemeinsam alle Blüten auf dem Boden. Die Kinder verwandeln sich in Schmetterlinge, die zur Musik um die Blumen herumfliegen. Stoppt die Musik, sucht sich jeder Schmetterling eine Blüte und setzt sich darauf. Regen Sie die Kinder dazu an, in jeder Musikpause eine andere Blume anzusteuern. Ganz zum Schluss fliegt jeder Schmetterling wieder zur eigenen Blume zurück.

Tipps:
- Noch besser fliegt es sich, wenn die Kinder in jeder Hand ein Chiffontuch als Flügel halten.
- Die Blüte kann später noch weiter ausgestaltet werden, indem die Kinder sie bemalen oder mit Buntpapierstückchen, Glitter, farbiger Folie usw. bekleben – ein frühlingshafter Raumschmuck!

Schmetterlinge

Schmetterlingsmusik

Teilen Sie die Kinder in zwei Gruppen auf, die „Schmetterlinge" und die „Musikanten". Letztere bekommen die Instrumente und setzen sich damit in einem großen Kreis auf den Boden. Die „Schmetterlingskinder" fliegen in der Kreismitte herum und lassen sich dabei vom Klang der Instrumente lenken: Spielen diese schnell, fliegen auch die „Schmetterlinge" schnell. Klingen die Töne langsamer, so richten sich die „Schmetterlinge" danach und verringern ebenfalls das Tempo. Am interessantesten ist der wiederholte Tempowechsel. Danach werden natürlich die Rollen getauscht, sodass alle Kinder einmal „Schmetterling" und einmal „Musikant" sein können.

Tipp:
Bei diesem Spiel müssen vor allem die Kinder mit den Instrumenten sehr gut aufeinander hören, damit sie immer wieder ein gemeinsames Tempo finden. Eventuell sollten sie anfangs von einem Erwachsenen dabei unterstützt werden.

Art der Aktivität: Bewegungsspiel

Kinder: je nach Platz 10 oder mehr

Schwierigkeitsgrad: ★★★☆☆☆

Dauer: 10 Min.

Material: für die Hälfte der Kinder lang klingende Instrumente, z. B. Triangel, Chimes, Glockenspiel

Wir Schmetterlinge

Die Kinder fassen das Schwungtuch und machen damit im ersten Vers kleine Wellen, während sie im Kreis herumgehen. Im zweiten Vers wird die Richtung gewechselt und das Tuch dreht sich immer langsamer. Bei „So, wie es uns gefällt" verstecken sich alle Kinder schnell unter dem Schwungtuch.

Wir Schmetterlinge klein
wir tanzen durch die Frühlingsluft
und flattern hin und her.
So, wie es uns gefällt.

Und wenn wir müde sind,
dann landen wir auf einem Blatt.
Und ruh'n uns erstmal aus.
So, wie es uns gefällt.

Tipp:
Vielleicht erfinden Sie oder die Kinder eine einfache Melodie zum Text. Eine weitere Idee ist es, viele Papierschmetterlinge auf das Schwungtuch zu legen und fliegen zu lassen.

Art der Aktivität: Bewegungsspiel

Kinder: je nach Platz 10 oder mehr

Schwierigkeitsgrad: ★★☆☆☆☆

Dauer: 5 Min.

Material: Schwungtuch

Name:

Schmetterlingsflügel

Zeichne das gleiche Muster gespiegelt auf den anderen Schmetterlingsflügel.

Schmetterlinge

Von der Raupe zum Schmetterling

Verteilen Sie die Gymnastikreifen auf dem Fußboden, sie stellen die Blätter eines Baumes dar. Die Kinder verwandeln sich in Raupen, die über den Boden der Turnhalle kriechen. Jede Raupe soll jedes Blatt einmal berühren (= „davon fressen"). Wenn das alle Raupen erledigt haben, bekommt jede ein grünes Tuch. Schalten Sie eine CD mit ruhiger Musik ein. Die Kinder machen sich nun ganz klein und verstecken sich unter dem Tuch (= „im Kokon"). Lassen Sie die Raupen eine Weile im Kokon schlafen und schlagen sie dann einmal die Triangel. Für die Raupen ist das das Zeichen, dass sie sich in Schmetterlinge verwandelt haben und damit beginnen können, langsam ihren Kokon zu öffnen. Zuerst kommt der eine, dann der andere Flügel aus dem Kokon, schließlich erscheint der ganze Schmetterling. Er bewegt seine Flügel zunächst noch langsam und vorsichtig, dann immer schneller. Schließlich fliegt der schöne Schmetterling durch den Raum, während der Kokon zurückbleibt. Spielen Sie jetzt einen Ton auf der Triangel, so landet der Schmetterling auf dem Boden und bleibt dort sitzen. Erklingt die Triangel erneut, geht der Flug weiter.

Tipp:
Lesen Sie zu diesem Thema das Bilderbuch „Die kleine Raupe Nimmersatt" von Eric Carle vor.

Art der Aktivität:
Bewegungsspiel

Kinder:
ganze Gruppe

Schwierigkeitsgrad:
★★★☆☆☆

Dauer:
20 Min.

Material:
5–6 Gymnastikreifen, ruhige Instrumentalmusik von einer CD, Triangel, viel Platz, z. B. in einer Turnhalle

Material pro Kind:
grünes Tuch

Ein Schmetterling entsteht

Die Raupe, die frisst Blatt um Blatt.	*Zeigefinger kriecht über den Handrücken der anderen Hand*
Sie frisst und frisst und frisst sich satt.	*bei „frisst" jeweils Handrücken mit dem Zeigefinger antippen*
Dann spinnt sie ihren Körper ein	*pantomimisch einen Faden um den Zeigefinger wickeln*
in den Kokon, da passt sie rein.	*Zeigefinger in die Faust der anderen Hand schieben*
Verwandelt sich dann darin – in einen schönen Schmetterling.	*beide Daumen ineinanderhaken, mit den anderen Fingern Flugbewegungen machen*

Art der Aktivität:
Fingerspiel

Kinder:
ganze Gruppe

Schwierigkeitsgrad:
★☆☆☆☆

Dauer:
5 Min.

Material:
–

Auf der Frühlingswiese

Im Frühling auf der Wiese

Melodie und Text: Kati Breuer

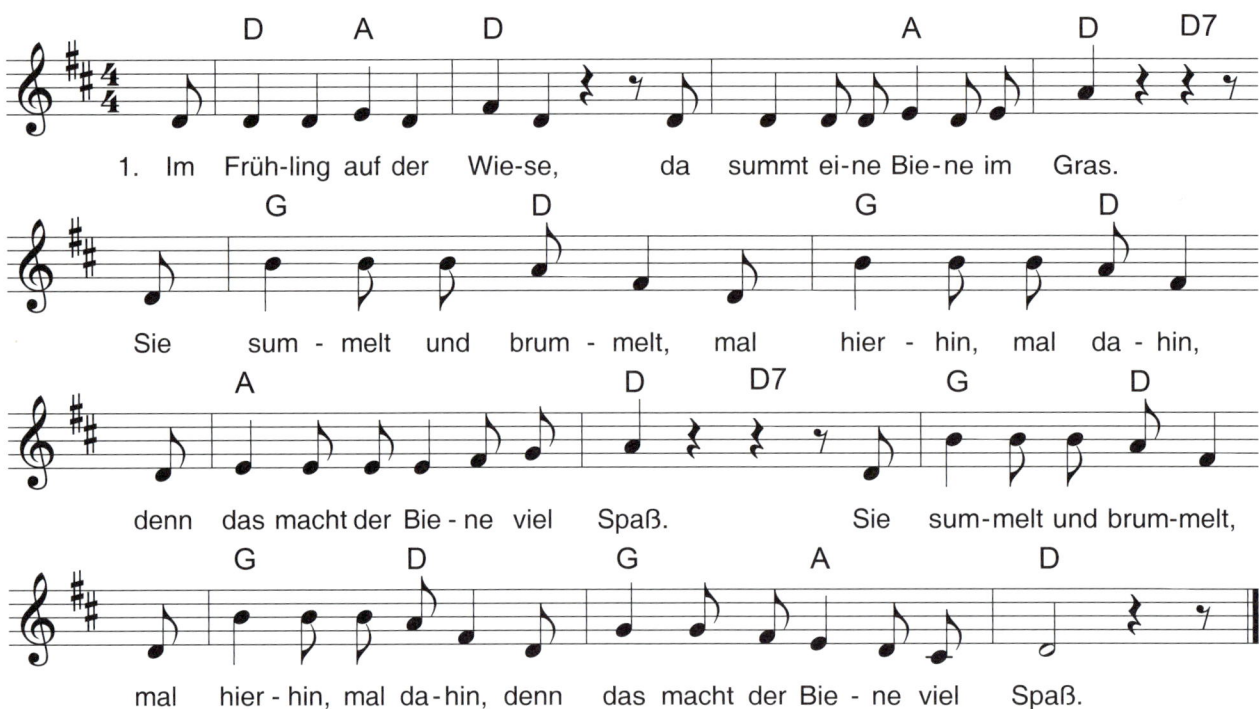

1. Im Frühling auf der Wiese, da summt eine Biene im Gras. Sie summelt und brummelt, mal hierhin, mal dahin, denn das macht der Biene viel Spaß. Sie summelt und brummelt, mal hierhin, mal dahin, denn das macht der Biene viel Spaß.

2. Im Frühling auf der Wiese,
   da krabbelt ein Käfer im Gras.
   Er kribbelt und krabbelt
   mal hierhin, mal dahin,
   denn das macht dem Käfer viel Spaß.

3. Im Frühling auf der Wiese,
   da spielen die Kinder im Gras.
   Sie tanzen und toben
   mal hierhin, mal dahin,
   denn das macht den Kindern viel Spaß.

Auf der Frühlingswiese

Im Frühling auf der Wiese

Dieses Frühlingslied ist rhythmisch nicht ganz einfach und sollte daher unbedingt zunächst nur gesprochen werden. Vor allem die Stelle „… Sie summelt und brummelt, mal hierhin, mal dahin …" (analog in den anderen Strophen) sollten die Kinder zuerst gesondert üben und evtl. dazu klatschen. Danach kommen der restliche Text und schließlich auch die Melodie dazu.

Art der Aktivität:
Liedeinführung

Kinder:
ganze Gruppe

Schwierigkeitsgrad:
★ ☆ ☆ ☆ ☆

Dauer:
10 Min.

Material:
–

Sechs Beine krabbeln kreuz und quer

Sprechen Sie den Text und machen Sie gemeinsam mit den Kindern die angegebenen Bewegungen.

Text	Bewegung
Sechs Beine krabbeln kreuz und quer,	*mit den Fingern auf dem Arm kreuz und quer krabbeln*
sechs Beine krabbeln hin und her.	*mit den Fingern auf dem Arm hin und her krabbeln*
Sechs Beine krabbeln auf und nieder, sechs Beine tun das immer wieder.	*mit den Fingern auf dem Arm hoch und runter krabbeln*
Und diese sechs Kribbel-Krabbel-Beine,	*mit den Fingern in der Luft zappeln*
das sind keine großen, sondern ganz kleine.	*für „groß" beide Arme weit ausbreiten, für „klein" kurze Strecke mit Daumen und Zeigefinger zeigen*
Die kribbeln und krabbeln und zippeln und zappeln.	*erst auf dem Arm, dann in der Luft mit den Fingern zappeln*
Doch plötzlich, oh Schreck!	*einmal klatschen*
Fliegt das Käferchen weg!	*Hand hinter dem Rücken verstecken*

Art der Aktivität:
Fingerspiel

Kinder:
ganze Gruppe

Schwierigkeitsgrad:
★ ☆ ☆ ☆ ☆

Dauer:
5 Min.

Material:
–

Auf der Frühlingswiese

Art der Aktivität:
Stimmklangspiel

Kinder:
ganze Gruppe

Schwierigkeitsgrad:
★★☆☆☆

Dauer:
5 Min.

Material:
Tafel und Kreide oder großformatiges Papier und dicker Stift

Es summt und brummt

Singen Sie mit Ihrer Gruppe einige bekannte Lieder auf „sss", z. B. „Alle meine Entchen" oder „Happy Birthday". Zeichnen Sie dann gut sichtbar einen wellenförmigen Strich an die Tafel und bitten Sie die Kinder, der Linie mit der Stimme zu folgen, indem sie die Lautstärke des Summens variieren: Bei den „Bergen" wird es lauter, bei den „Tälern" leiser. Am besten fahren Sie dafür mit dem Finger an der Linie entlang und dirigieren so die Gruppe.

Variante:
Probieren Sie nun einmal aus, wie es sich durch ein Stück Transparentpapier (ca. 10 x 20 cm) summt, das die Kinder vor den Mund halten.

Art der Aktivität:
Klanggeschichte

Kinder:
ganze Gruppe

Schwierigkeitsgrad:
★★☆☆☆

Dauer:
5 Min.

Material pro Kind:
ein Stück Transparentpapier (ca. 10 x 20 cm)

Die Bienen auf der Wiese

Jedes Kind hält sich ein Stück Transparentpapier vor den Mund und summt den Angaben im Text entsprechend mal lauter, mal leiser. Bei den einzelnen Bienen können Sie stumm einzelne Kinder zum Summen auffordern. Als Bienenschwarm summen alle.

Auf der Frühlingswiese blühen viele bunte Blumen. Es duftet frisch und ein paar Bienen fliegen durch die Luft. Hier summt eine und da hinten summt eine zweite.
Beide Bienen fliegen jetzt zusammen weiter. Gemeinsam summen sie zuerst leise. Dann, als sie schneller fliegen, ein bisschen lauter. Und dann noch lauter. Jetzt landen die beiden Bienen auf einer schönen gelben Blüte. Sie ruhen sich hier einen Moment aus und ihr Summen verstummt.
Da kommt ein ganzer Bienenschwarm geflogen. Schon von Weitem hört man ihn summen. Immer lauter wird das Summen, und noch lauter, als alle Bienen über ihnen sind. Unsere beiden Bienen steigen in die Luft und fliegen mit. Der Bienenschwarm fliegt einen großen Kreis über der Wiese, bevor er sich langsam entfernt. Das Summen wird zunächst etwas leiser, dann noch ein bisschen leiser, jetzt hört man es nur noch ganz leise. Schließlich ist gar nichts mehr zu hören.
Aber was ist das? Was summt denn da herum? Eine einzelne Biene! Ob sie den Schwarm verpasst hat? Hat sie vielleicht verschlafen? Schnell fliegt sie hinter den anderen Bienen her und summt dabei.
Schließlich ist alles still. Keine Biene ist mehr da.

Auf der Frühlingswiese

Hummelflug

Erzählen Sie den Kindern, dass Sie ihnen eine sehr berühmte Musik vorspielen möchten. Der russische Komponist Nikolai Rimski-Korsakow (1844–1908), der diese Musik erfand, nannte sie „Hummelflug". Wenn man gut zuhört, klingt es so, als würde eine dicke Hummel vorbeifliegen. Die Kinder können zur Musik eigene Bewegungen erfinden oder einfach nur zuhören.

Tipp:
Es lohnt sich, verschiedene Aufnahmen des Stücks miteinander zu vergleichen. Es gibt Versionen mit unterschiedlicher Instrumentierung und sogar gesungene Fassungen. Im Internet finden Sie auf *www.youtube.com* unter dem Stichwort „Hummelflug" eine Vielzahl verschiedener Videos.

Art der Aktivität:
Bewegungsspiel zu klassischer Musik

Kinder:
ganze Gruppe

Schwierigkeitsgrad:
★★☆☆☆

Dauer:
5 Min.

Material:
CD mit einer Aufnahme des „Hummelflugs" von Nikolai Rimski-Korsakow

Käferwettrennen

Es gibt sehr viele verschiedene regionale Namen für den Marienkäfer. Er heißt z. B. Motschekiebchen, Himmelmiezel, Sonnenkäfer, Frauenkäfer, Herrgottskäfer, Blattlauskäfer, Mufferküpchen … Wie wird er in Ihrer Gegend genannt?

Die Kinder bemalen ihren Pappteller auf der Außenseite nach eigenen Vorstellungen als Käfer, z. B. rot mit schwarzen Punkten. Am oberen Rand lochen sie den Teller zweimal nah beieinander und ziehen einen Pfeifenputzer hindurch, das sind die Fühler. Dazwischen wird ein weiteres Loch gemacht, in dem der Faden oder das Band befestigt wird. Jetzt können zwei oder mehr Käfer gegeneinander zum Käferrennen antreten: Das lose Ende des Fadens an einem Holzstäbchen befestigen und den Faden gerade auf den Boden legen. Auf ein Kommando beginnen die Kinder, ihren Faden um das Holzstäbchen herumzuwickeln: Der Käfer bewegt sich auf das Kind zu.
Wer hat sein Band am schnellsten aufgewickelt und gewinnt das Rennen?

Tipp:
Wenn Sie vorab einen Käfer herstellen, können sich die Kinder beim Gestalten daran orientieren.

Art der Aktivität:
Bewegungsspiel

Kinder:
3–4

Schwierigkeitsgrad:
★★☆☆☆

Dauer:
15 Min.

Material:
Wasserfarben, Pinsel, Locher

Material pro Kind:
Pappteller, Pfeifenputzer (ca. 8 cm), Wollfaden oder Schnur (etwa 3 m lang), Holzstöckchen oder Buntstift

Auf der Frühlingswiese

Art der Aktivität:
Instrumentenspiel

Kinder:
5–6

Schwierigkeitsgrad:
★★☆☆☆

Dauer:
10 Min.

Material pro Kind:
Trommel, Triangel, Rührtrommel (oder drei andere Instrumente)

Manchmal fällt im Frühling Regen

Die Kinder sitzen bei diesem Spiel am besten auf dem Boden. Jedes hat seine drei Instrumente vor sich liegen. Zu jeder Strophe gehört ein bestimmtes Instrument: Zur ersten spielen die Kinder die Trommel. Damit verklanglichen sie den Regen. Zur zweiten Strophe verklanglichen sie mit der Triangel den Schmetterlingsflug. Die dritte Strophe wird mit der Rührtrommel begleitet.

Manchmal fällt im Frühling Regen.
Für die Natur ist das ein Segen.
Und kommt die Sonne dann daher,
blüht und grünt es schon bald sehr.

Alle Wiesen werden grün
und die Weidenkätzchen blüh'n.
Schmetterlinge schweben sacht,
sind schon ganz früh aufgewacht.

Löwenzahn ist auch schon grün,
wird bald überall erblüh'n,
zwischen Mauern, unter Hecken,
bietet Schutz für viele Schnecken.

Art der Aktivität:
Rezept

Kinder:
3–4

Schwierigkeitsgrad:
★★★☆☆

Dauer:
mehrere Stunden

Material:
200 g Löwenzahnblüten, 1 Bio-Zitrone, 1 kg brauner Zucker, 1 l Wasser, kleine Schraubgläser, alter Topf (Löwenzahn färbt!), Sieb, Tuch, Kochlöffel

Löwenzahnhonig

Sammeln Sie im Vorfeld bei einem Spaziergang mit den Kindern Löwenzahnblüten. Der Löwenzahn sollte nicht in der Nähe einer verkehrsreichen Straße stehen, da sonst die Schadstoffbelastung zu hoch ist. Auch sollte es sich nicht um einen typischen Spazierweg für Hundehalter handeln.
Für die Herstellung des Löwenzahnhonigs waschen Sie die Löwenzahnblüten gründlich. Mit den Zitronenscheiben kochen Sie die Blüten etwa 30 Minuten in Wasser und lassen sie dann über Nacht stehen. Am nächsten Tag gießen Sie den Sud durch ein Sieb und drücken dabei die Blüten kräftig aus. Anschließend filtern Sie den Sud nochmals mithilfe eines Tuches. Geben Sie die Flüssigkeit in den sauberen Topf zurück, mischen Sie den Zucker unter und bringen Sie sie zum Köcheln. Dabei rühren Sie immer wieder um. Wenn die Masse dick wird, ist der Honig fertig. Dies kann einige Stunden dauern! Noch heiß in ausgespülte Schraubgläser füllen.

Name:

Marienkäfer

Die Marienkäfer haben ihre Punkte verloren. Zeichne immer genau so viele Punkte auf ihre Flügel, wie daneben steht.

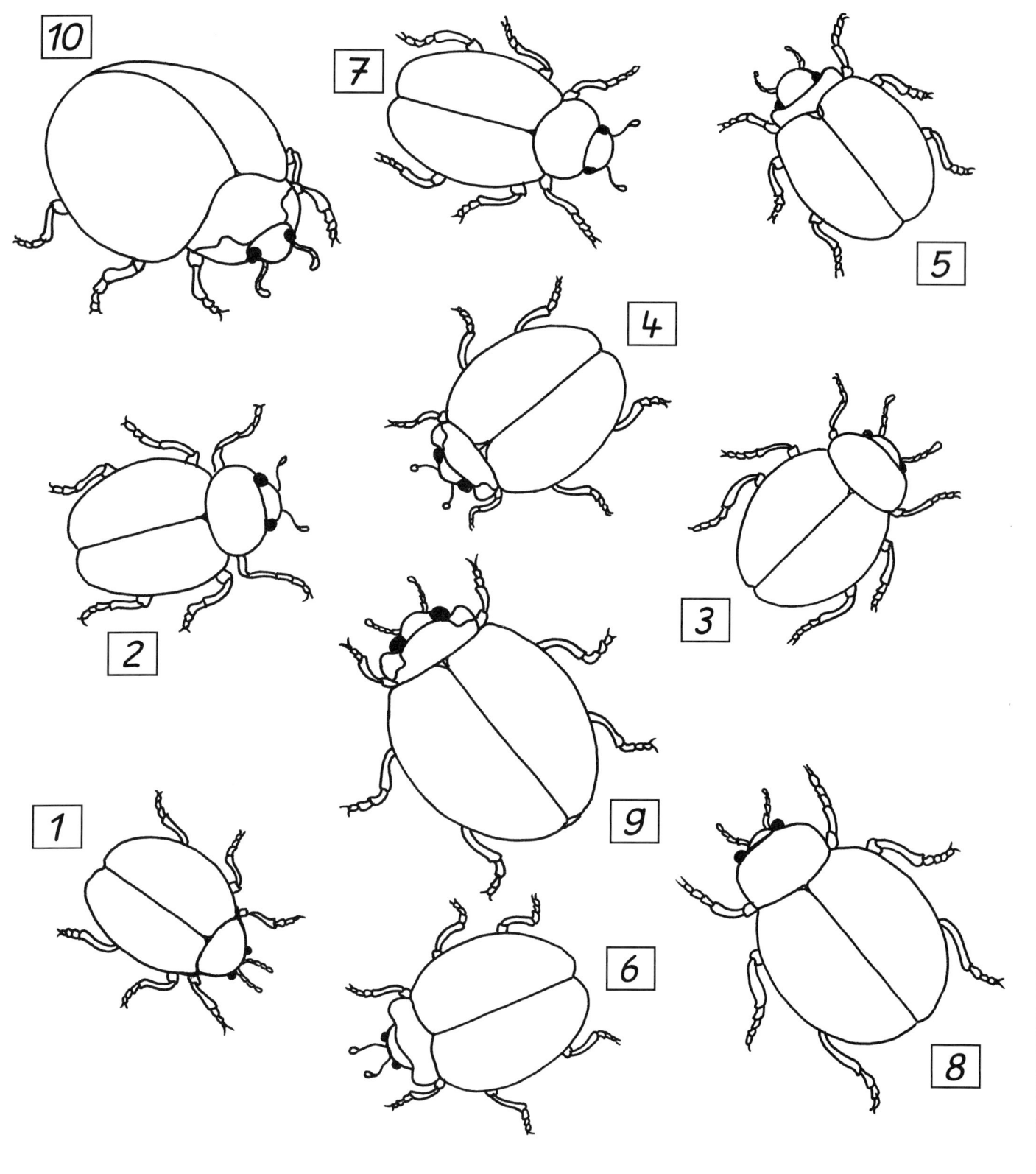

© 2012 Hase und Igel Verlag, Garching b. München
www.hase-und-igel.de
Lektorat: Insa Janssen, Monika Burger
Satz: Holger Kirsch
Illustrationen: Maryse Forget
Druck: Himmer AG, Augsburg

ISBN 978-3-86760-859-6